U0164267

生活倫理學

莫家棟、余錦波、陳浩文
主編

匯智出版

前言

莫家棟、余錦波、陳浩文

提起生活倫理，一般人會想到父慈子孝、兄友弟恭、夫婦相敬如賓、待朋友以情義等等。這些當然是生活中最基本的倫理關係及其相關的道德要求。但是，現代人的生活圈子顯然廣闊得多。這並不是指人們變得交遊廣闊，而是即使一個普通人，在其日常生活中，都同時具有多重的角色或身份：由一個市場上的消費者，然後是一個國家的公民，繼而是國際社會的一員，最後是地球這個生態系統的一分子。當人們遊走於這些不同的身份，與不同的人和事進行互動，其實已不自覺地穿插於不同的道德群體之中，對由之而起的倫理議題也就難以完全置身事外。

即使在一個完全私人的領域，從事購物或博彩等個人消費的活動，我們也可以追問，透過消費過程中的「選擇」，消費者的獨特性得到充分的體現，抑或是在消費文化的漩渦中，個人的自主性反會被侵蝕？本書的頭兩篇文章正是要處理這個問題。而作為公民，最重要的倫理議題就是如何與其他公民和平相處，尤其是當面對社會上的小眾、弱勢群體，以至一些政見與我們迥異的人。例如，對於有不同性傾向的小眾，社會大眾可否施以差別對待？這又會否構成歧視？面對社會上貧富懸殊的狀況，我們應該以各有前因為由，而以平常心視之，還是要探問制度背後的不公之處？隨着人口老化，醫療服務日漸供不應求。即使政府願意投放更多資源，究竟資源應該用在哪一個環節，向哪一類病患傾斜，都是一個不容易處理的價值問題。對一個香港公民而言，不論是從政的抑或是一般地關心政治，近幾年最令人困惑不安的莫過於如何面對和自己政見南轅北轍的人。在一個講究立論要旗幟鮮明、立場要「企硬」、姿態上要不退讓的氛圍中，「溫和」作為一種政治素養，是萬般的不合時宜，還是一個難得的出路呢？就上述問題，本書的第二組文章將會嘗試解答。

今時今日，不管我們如何不問世事，如何缺乏國際視野，都會意識到我們是國際社會的一員，是這個沒有邊界的生態系統的一部分。因為我們的消費選擇、接收的資訊、工作機會、可享用的資源等等，都受到所謂全球化的影響。然而，全球化真的是那麼自然而然，並且不可逆轉的嗎？作為一個已發展地區，香港當然嘗過人才、資金、物品和天然資源自由流動的甜頭。但是，會否正正是這些促進國際間人流物流的制度和安排，造成了國與國之間的貧富差距和對生態環境的破壞？而居於已發展地區的香港又應否繼續抱持一種與我無干和以人類發展為本的態度？此等問題則是本書最後一組文章的核心所在。

通過本書的各個篇章，希望讀者能夠對一些習以為常的態度和習慣、行之已久的政策和制度，以及似是難以扭轉的趨勢，保持一份警覺和疑心，並以批判及具創意的態度去思考未來的出路。

目錄

消費文化
——只在乎曾經擁有？

黃國鉅

毫無疑問，現今是消費主義的時代，消費已經是現代經濟的重要支柱。電視、電台、報紙廣告，無處不在的電視螢幕和廣播，不斷刺激我們的感官，鼓勵我們消費；銀行鼓勵你多申請幾張信用卡，消費越多，獎賞越多，就算刷卡欠一大筆債也沒關係，財務公司會幫你一筆清；我們的城市設計甚至以消費為核心，地鐵站一出來是個大商場，而商場的設計都以鼓勵消費為目標，甚至政府的城市設計也配合，新市鎮街道商店越來越少，取而代之的是大商場和貫通商場的行人天橋。廣東俗語「無事出街小破財」，十分適用於香港這個無時無刻都需要花錢的社會。

誠然，有人認為消費主義是好事，因為可以促進經濟發展、提高就業等。另外，消費主義也可以帶動不同行業的發展，尤其是創意行業如廣告、產品設計，以至普及文化、流行曲、電視電影等，讓個人和社會的創造力和潛能得以發揮。更重要的是，消費主義為社會提供進步的動力，人們為了增加自己的消費能力，改善生活，於是努力工作和上進，發揮個人潛能，從而促進社會和個人發展。相反的例子是共產主義國家，如前蘇聯或毛澤東時代的中國，當時因為實行計劃經濟，政府不鼓勵人民消費，消費品也貧乏，人民往往要排幾個小時隊去購買一雙襪子，巧克力等奢侈品更要配給。這種社會雖然比較穩定，人民工作和生活安穩，但也缺乏動力和色彩，整個社會猶如一潭死水。

我想要甚麼？我需要甚麼？

甚麼是消費主義？一言以蔽之，消費主義的邏輯是，把我想要甚麼（what I want）取代我需要甚麼（what I need）。第二次世界大戰之後，工業社會和資本主義能大量生產，產量超出消費者所需，於是以各種方法鼓勵消費，把「我想要的」變成「我需要的」，讓人民大量購買他們在必需品之外的消費品，來維持工業資本主義的運作。消費主義的目的就是要製造一種假象，讓消費者以為他需要的不單止是基本的必需品，他還需要波鞋、手提電話、平板電腦、高清電視……等等，才能符合現代人基本生活水準，甚至小孩子去海洋公園、迪士尼樂園也是基本權利，沒有去過的就是貧困兒童，需要政府幫助。所以，消費主義是鼓勵我們不斷消費，是享受消費的過程多於結果，其快樂的來源不只在於擁有或享用一件消費品，而是不斷購買新的消費品，因為消費者享受的，往往只是消費時的快感。最明顯的例子是購物（shopping）這種行為，因為購物本身不一定要有購買的目標，只是要閒逛，買了新的東西回來，快樂了一陣子，東西沒用多少次就擱在一旁，衣服鞋子沒有穿過，又想去再買。

所以，要在消費主義的洪流中站穩，首要認清楚自己要甚麼。然而，要分清楚何謂需要，何謂想要，並非容易，如手提電話，八十年代是奢侈品，但現在似乎已經是必需品。筆者有一些朋友，從來不用手提電話，朋友常埋怨找不到他，笑他不是現代人，是生活於恐龍時代。由此可見，所謂需要，可以是自然需要的最低要求，但亦可以跟社會整體的生活水平掛鈎，視乎我們選擇一種怎樣的生活。所以，要分清楚甚麼是需要，甚麼是想要，歸根到底牽涉一個困難的問題，即個人價值觀的建立。

此話何解？首先我們嘗試一個簡單的解決方案：固然，能做到生活儉樸，知足常樂，就不會受消費主義誘惑。古人就有大量這種儉樸生活的描述，如孔子說：「一簞食，一瓢飲，在陋巷，人不堪其憂，回也不改其樂。」(《論語》，〈雍也〉，第六) 唐朝詩人白居易〈閒眠〉詩，更生動地描繪出這種慵懶自足的生活態度：「暖床斜臥日曛腰，一覺閒眠百病銷。盡日一餐茶兩碗，更無所要到明朝。」這些話聽起來高尚，但卻牽涉一連串弔詭的問題：對於那些享盡繁華、選擇回歸淳樸的人，當然有吸引力，但對於那些沒有選擇、無法改變自己命運的窮人來說，卻像是風涼話；況且，到底所謂淳樸的底線，應該在哪裏畫呢？如白居易可以閒眠、喝茶，對於一些要為口奔馳、窮得要以水代茶的人，卻是如此奢侈。那麼，到底何謂需要？人需要多少才能滿足？莎士比亞則更有深度地把這問題準確地表達出來：李爾王把國土分給兩個女兒之後，輪流住在兩個女兒的皇宮裏，卻還保留一百個侍從，他們常跟女兒的僕人衝突，於是兩個女兒合謀削掉父王的隨從：「既然父王你已經有我的人伺候，又何需一百個人？」「或五十個？」「二十五個？」「五個？」「甚至一個？」李爾王此時已經憤怒到極點，卻講出一段充滿哲理的話：

> LEAR:
> *O reason not the need! Our basest beggars*
> *Are in the poorest thing superfluous.*
> *Allow not nature more than nature needs,*
> *Man's life is cheap as beast's. Thou art a lady:*
> *If only to go warm were gorgeous,*
> *Why, nature needs not what thou gorgeous wear'st,*
> *Which scarcely keeps thee warm.*
> (*King Lear,* act 2, scene 4)

李爾王說得當然有理，如果人只需要基本生活得到滿足，其他的都是多餘，人就變成和動物一樣。如果真的如李爾王所說，「需要」是不能拿來理性討論的話，那價值觀就變得混亂和隨意。所以，歸根到底，消費主義的問題，不是要為想要和需要畫出界線，而是要培養一種自行訂立價值的能力：在基本生活需要滿足了之後，我們到底還需要多少？

事物的內在價值和比較價值

所謂價值觀這東西，原則上應該由每個人自己決定，這是人作為一個自主的個體的基本能力，外人無法幫別人決定，比如說有人認為愛情重要、有人認為事業重要、有人認為理想重要，這都牽涉到個人價值取向，而每個人都有自主權去決定自己的價值觀。舉個極端的例子：如果一個人無法決定自己有甚麼價值，如何衡量價值，那麼即使有人說服他賣血割器官賺錢，他也可能會認為值得。而消費主義的問題正是，消費品的價值往往並非由消費者自己決定，或是由商品本身的實用價值決定，而是由各種外在因素決定，如市場價值、廣告、潮流、包裝、明星效應、牌子、時裝雜誌等等，消費者只是消費一些外在加諸於商品的價值，而非商品本身的價值。所以，在消費主義社會裏，事物的價值並非由個人決定，人們消費的時候，是在消費一些別人告訴他有價值的東西，或者甚至是一些外在創造出來的價值，變成失去價值觀的自主性，甚至失去自己判斷的能力。消費主義社會價值顛倒，一些少女願意出賣身體當援交少女，得到的金錢原來只是為了買一個手提電話，我們會問：值得嗎？

所謂價值，有事物的內在價值（intrinsic value）和比較價值（comparative value）兩種：前者往往對應需要（need），後者對應想要（want）。事物的內在價值與我們的需要息息相關，事物能滿足我們的需要，在於它本身的性質，如食物能滿足我們的生物需要，因為它有營養價值；而比較價值，則可以分為事物與事物之間的比較，和社會比較：前者是指不同事物之間經過比較之後產生的相對價值，比如說，兒時喜歡吃豬仔包，但長大後吃過又香又軟的貴價法國麵包，卻覺得豬仔包又硬又難吃，但這不代表原本豬仔包的內在價值在比較中失去，只不過被法國麵包比下去而已；另一種是人與人之間的比較，如我的手袋是LV，她的卻是女人街便宜貨，我自然覺得自己比她高尚一點。

消費主義的邏輯，就是針對這三層價值的意義，不斷提高消費者對價值的衡量標準和期望：

（1）提高消費者對內在價值的期望。如電話，六十年代不是每個家庭都有電話，電話不是必需品，打電話還要去樓下士多借，但隨着電話越來越普及，七十年代已經是必需品；到了八十年代，手提電話是奢侈品，但現在已經幾乎是人手一部的必需品。而且手提電話不斷推陳出新，不斷增加新的功能，讓消費者不斷以為或相信自己需要這些功能，甚至製造一種虛假的需要。

（2）消費主義不斷嘗試用不同方法，讓消費者嘗到新產品，鼓勵他們嫌棄自己已經擁有的物品，購買最新的產品。試食、試用、試看，就是這種典型的手法，通過新產品和消費者已有的舊物品，在消費者心中的比較，鼓勵消費者提高比較價值的期望，不斷消費。蘋果電腦創辦人喬布斯（Steve Jobs），就是玩這種手法最出神入化的佼佼者，每次他有新產品推出，萬眾都引頸以待，像朝聖一樣，而他自己更粉墨登場，把新電話的功能描繪成迎接新世紀新人類的必需品，令他的粉絲甘願掏腰包搶購，買他的出品彷彿是神聖的責任。

（3）消費主義也會通過廣告、代言人、品牌包裝等等，把產品等同為社會身份和地位的象徵。消費者自然認為，用平價貨、雜嘜、不見經傳的品牌、山寨版，就是 cheap，被人恥笑，於是買有品牌的商品彷彿成為免被人看不起的必須消費。而且，消費主義也會不斷推出新版本、新款式，千方百計讓市場上的舊款式消失，製造一種已經 out 的假象，令消費者以為新就是好，把「新」和「好」等同起來，於是消費者便以為用更貴的價錢購買最新的款式是必須的。

如此，要回應消費主義對我們價值觀的衝擊，不能簡單畫一條線去區分甚麼是需要和甚麼是想要，而是從多方面拆穿消費主義的邏輯，恢復自己價值觀的自主性。這方面可以分為下面幾點討論。

購物行為的心理

消費主義的一種核心行為是逛街購物（shopping），而當中其實涉及有趣的心理和行為模式，分析這種行為，有助我們理解自己的消費行為。大家有沒有注意，我們平常的語言或報紙雜誌的用詞，常以「收穫」、「戰利品」形容購物之後買回來的東西？那些東西明明是自己用錢換回來的，為甚麼是「收穫」呢？這是否顯示 shopping 行為得到的東西，不止用金錢買東西這麼簡單，而是要一番行走、尋找、比較才得到的？此外，為何shopping得到的收穫，會為我們帶來充實的感覺？為甚麼愛購物的女性比男性多？這些特徵又告訴我們甚麼？

其實，現代人的購物行為跟遠古狩獵採集的行為十分相似。人類學家指出，人類的歷史有百分之九十的時間都是從事狩獵採集，而農業和畜牧只是最近一萬二千年才出現，那麼，如果人的行為是會遺傳的話，現代人遺傳了一些狩獵採集時代的行為，就完全不奇怪。〔1〕就如女性比較喜歡 shopping 一樣，在遠古狩獵採集社會，男女也有類似的分工，男性負責狩獵，女性負責採集；另外，採集者要定期出外採集，充實家用，但不能經常去，也不能經常到同一個地方採集，要讓野果野蔬有足夠時間生長；同樣，shopping 也不能經常去同一個地方，要等商戶換新款才有理由再去，所以商場也必須不停轉換貨品款式，讓消費者有理由短時間再去。當然，古代人採集是為了生存，現代人則是為了消遣多於出自真實需要。幾位女士相約：「喂！那裏有一個新商場開了，我們去大出血吧！」shopping 既不是出自實際需要（當然，消費者也可以説服自己：我真的要去那裏買甚麼甚麼），也不一定有特定的目標，而是一種定期要滿足、讓自己覺得「充實」了家庭的習慣性行為。

從這角度看，我們可以進一步分析 shopping 的行為：shopping 可能是一種人類遠古作為狩獵搜集動物的行為痕

1 大家只要試想一下，這些例子其實不勝枚舉：比如男人喜歡踢足球，幾十個大男人去追一個小球，跟狩獵時幾十個大男人為追捕一隻小動物，如野豬野兔，而互相呼喊配合，是不是很像？

跡。[2]人類跟很多動物不同，狩獵動物隨獵隨食、草食動物隨草而移，但人類既會狩獵，也會收集，是除了蜜蜂、螞蟻之外少數懂得收集的動物，以備狩獵沒有成功時的需要，是安全感和充實感的重要來源，直到農耕出現，耕種的收成充實穀倉，才取而代之。然而，我們仍然有這種收集、採集、收藏行為的殘餘。大家有沒有想過，我們身邊的大部分人都有收集某種東西的嗜好，幾乎沒有例外？而且沒有特殊理由或需要這樣做，只是一種「癮」？一般人愛 shopping 買衣服，其他有的愛買廚具、餐具、紅酒、名貴雪茄、郵票、舊鈔票舊錢幣、明星照片、超人公仔、舊雜誌、舊漫畫、絕版黑膠唱片、古董車、網上收集美女照片、電玩武器……等等，沒有錢的，也可以收集昆蟲標本、貝殼、乾花、樹葉，甚至貧困無依的老人，也會拾荒，把家裏堆滿垃圾，來滿足這需要。這種行為，多半愛獨自進行，因為每個人收集的興趣

---

2 這些不只是筆者自己的猜想，狩獵收集和消費行為兩者關係，近年確實成為熱門研究的題目，方興未已，有不少相關的心理學及人類學研究，而且不少都集中在演化心理學和兩性消費行為的不同，如Daniel Kruger and Dreyson Byker. "Evolved Foraging Psychology Underlies Sex Differences in Shopping Experiences and Behaviors", *Journal of Social, Evolutionary, and Cultural Psychology,* 2009, vol. 3, no. 4, pp.328-342; Hantula, D.A. "Guest Editorial: Evolutionary Psychology and Consumption", *Psychology & Marketing*, 2003, 20, pp.757-763; Miller, G. F. *Spent: Sex, Evolution, and Consumer Behavior*（New York: Viking, 2009）; Saad, G. *The Evolutionary Bases of Consumption*（Mahwah, NJ: Lawrence Erlbaum, 2007）; Saad, G. *The Consuming Instinct: What Juicy Burgers, Ferraris, Pornography, and Gift Giving Reveal about Human Nature*（Amherst, N.Y.: Prometheus Books, 2011）; Vladas Griskevicius & Douglas T. Kenrick. "Fundamental Motives: How Evolutionary Needs Influence Consumer Behavior", *Journal of Consumer Psychology,* vol. 23, 3,（2013）pp.372-386.

和目標都很不同，除了女士們愛一起去買衣服首飾鞋子手袋「幫幫眼」之外，一個人自己去，悠閒地慢慢地挑，樂趣比較大。而重要的一點是，這種行為不愛一勞永逸，而愛慢慢、定期地進行，如一個黑膠唱片的收集者，不會喜歡一次過用幾十萬買一大堆唱片回來，而寧願累月經年一張一張的尋找收集。所以，就如 shopping 一樣，這行為給我們的樂趣來自過程，而不是結果。而且，是一種心癮，每隔一段時間，一有空閒的時候，就要滿足一下。走筆至此，筆者反躬自省，發覺自己也有這種嗜好：買書，即使家裏的書已經堆積如山，這一輩子也讀不完，但每次去旅行，到一個新城市，都會第一時間直奔當地的二手書店，而且不愛在 Amazon網購，卻喜歡在舊書堆中慢慢尋寶。親愛的讀者，請你想一下，你也有類似的行為嗎？

如此，我們一旦明白，人類已經脱離了狩獵採集的生活模式，shopping 的行為得到的充實感，是很容易被其他活動取代的。人類要通過不同行為得到生活上的充實感，古代通過收集生活所需品得到，現代人則可以有更多選擇，也可以讓自己覺得「我今天做了有用、有意義的事，得到很多東西，有很多收穫」。而且 shopping 一般是一個人閒極無聊才去做的行為，其樂趣可以輕易被群體活動取代，這也解釋了為何我們一旦參加群體活動、體育運動、義工，甚至社會政治運動，就可以立刻忘記了shopping 的需要。固然，偶爾去購物也是樂事，但如果成癮，甚至弄到欠債纍纍，入不敷支，或者成為購物狂（shopaholism），無法控制自己的慾望，那麼，了解自己這些行為衝動的來源，會有助我們擺脫它，免於成為消費主義的奴隸。

工作和消費的循環

消費主義是資本主義意識的產物，鼓勵消費令資本家賺錢，而消費者就變成資本家和資本主義的奴隸。他們為資本家工作，賺到的錢最後也給資本家賺去，買一些他們本來不需要的東西。更重要的是，資本主義社會讓打工仔一天到晚工作，沒有閒情慢慢享受餘暇，等到有短暫的空閒，就只能以消費帶來的立刻滿足（instant gratification）來補償自己。美國人常說：work hard, play hard，既可以是一種生活態度，但也反映了資本主義「努力賺錢，努力消費」的價值觀。

固然，打工仔辛苦工作，偶爾消費減壓，也是無可厚非，問題是在這個循環下，打工仔不知不覺，無論上班下班，都無法逃脫資本主義。一百多年前，馬克思（Karl Marx）對資本主義勞動異化的分析，驚人地適用於分析勞動和消費的循環：

> 工人把自己的生命投入對象：但現在這個生命已不再屬於他而屬於對象了。因此，這個活動越多，工人就越喪失對象。凡是成為他的勞動產品的東西，就不再是他本身的東西。因此，這個產品越多，他本身的東西就越少。（馬克思，《1844 年經濟學哲學手稿》）

在早期資本主義，工人勞動的產品不屬於自己，卻要用自己勞動的薪水買回自己生產的產品；同樣，現代消費主義社會，勞動得不到樂趣，剝削了打工仔的空閒，人的時間和耐性越來越少，越來越依賴官能性刺激的消費來減壓：自助餐大吃大喝、但求一笑的電影娛樂，人的專注力、耐性和記憶力越來越短，慢慢變得不會運用閒暇，「空閒」就是「沉悶」的代名詞，寧願以手提電話上網打遊戲來填塞這些時間，以消費替代閒暇。此外，消費主義不斷建造大商場、豪宅、酒店，城市空間不斷被壓縮，一些需要廣闊空間的消閒活動變得奢侈，如在香港，人們不能在自己家裏後院種花、野餐、唱歌跳舞，必須去餐廳訂桌、出外唱Karaoke，消費別人製造的文化產品，才能得到類似的娛樂；甚至連寧靜的環境和空間，也要住豪宅、上高級酒店咖啡室才能買得到。快速的生活節奏和消費主義成為最佳拍檔。

所以，享受閒暇，做假日農夫、享用大自然的空間，其意義不止於讓身心休養，重要的是調解我們的時間和空間感。既然星期一到五都在拼命工作、拼命消費當中，為何週末還要人擠人、在消費和賺錢的循環中度過呢？重新發現「甚麼都不做」的意義，重新發現時間的感覺，消費刺激的慾望自然會減退。據哲學家海德格（Martin Heidegger）所說，沉悶有三種：

一、某事情沉悶：外面發生的事情，和內心對時間的感應產生差異，如在火車站等車，心裏焦急，車子卻遲遲未到，沉悶的感覺就從時間的差異產生。

二、自感沉悶：如獲邀參加晚宴，但其他客人語言無味、話不投機，漫漫長夜非常難熬。沉悶的感覺來自人有很多時間，但找不到一種活動，可以跟時間的節奏同行，於是出現空虛的感覺。

三、深度苦悶：不是某段時間沉悶，而是整個人生都覺得苦悶，是一種特有的存在狀態。[3]

快速生活節奏中間的閒暇變成沉悶，其實是針對首兩種狀態，了解這點，我們就可以明白，與其用外來的刺激來配合和填塞內心時間的速度和節奏，不如把內心的節奏減慢，使閒暇變成樂事。所以，克服沒有消費刺激的苦悶，不在外，而在內，即在內心找回時間流動的感覺，調解內心對時間的預期和外在事物的時間節奏，使兩種時間流動的步伐相配合，重新審視到底自己要怎樣的生活節奏、需要甚麼、要過怎樣的人生。

消費者的責任

消費主義消耗地球大量資源，造成浪費，製造大量垃圾，令環境負擔加重，加速全球暖化和環境污染；消費引致

3 Heidegger, Martin. *The Fundamental Concepts of Metaphysics: World, Finitude, Solitude* (Bloomington: Indiana University Press, 1995), pp.78-159.

更多貪婪，國與國之間、經濟體系之間爭奪地球資源，以滿足消費的慾望。所以，消費者對這些問題應否負一部分責任，是值得商榷的。有人認為，消費者是被動的，主要責任還是在資本家身上。筆者認為，縱使消費者不必承擔這些罪責，但當他們明知道自己的行為會加重這些問題的時候，實有責任減少自己的「貢獻」。於是，有人提倡環保消費（eco-conscious consumption）：主張有環保意識地消費，減少對地球的壓力，重點不只是減少消費，而是減少一些對環境加重壓力的消費模式，例如減少吃肉、不穿皮草、減少坐飛機、少吃魚翅或其他瀕危動物等。這不是為了省錢，因為地球的資源，並非金錢能衡量。

舉個例子：飲用水本來是我們生活裏輕易而非常廉價就可以得到的生活必需品，但在八十年代礦泉水、蒸餾水等等推出之後，卻變成要付出高出很多倍的價錢去購買，甚麼「雪山礦泉水」、「高溫蒸餾水」、「純淨水」、「能量水」，資本主義就是懂得巧立名目，把原本從大自然免費得到的東西，變成消費品。如今我們已經習慣了，外出工作或活動，不會自己用水壺帶家裏的水，寧願去便利店買。這種輕率行為的背後，卻造成大自然的災難，大量塑膠瓶變成垃圾，流入大海，飛鳥和魚類不慎吞下，塞在腸臟裏無法消化排出，慢慢折磨而死。[4]從雀鳥胃裏找到的塑膠瓶蓋，追溯到便利店買

4　讀者可以看看攝影師 Chris Jordan 這段在太平洋中途島拍的短片：http://www.youtube.com/watch?v=78BQKPssoXM。

水那一刻，我們可以說消費者真的一點責任都沒有嗎？

對消費主義的批判性認識

另外一點就是對消費主義有批判性的認識，以贏回消費者的自主性意識，避免落入資本主義鼓吹消費的陷阱。這不是說每個人都要讀懂法蘭克福學派的霍克海默（Max Horkheimer）和阿道諾（Theodor Adorno）的批判理論，而只需要從一些簡單、日常生活的例子開始。

蘋果電腦創辦人喬布斯去世時，媒體都一面倒吹捧他是世紀偉人、偉大發明家、天才、改變我們生活的人，但卻很少人批判性地思考他的發明為人類生活帶來負面的影響。筆者有一次看到一個景象：在一所動輒每人消費千元的高級餐廳裏，一家人在聖誕聚餐，但整個用餐過程卻出奇地安靜，原來每個人都「忙」着玩智能電話，全程沒有溝通、沒有互動、沒有笑聲，甚至連菜端來也沒有興趣吃。這些所謂低頭族的行為，整天搞到自己好像很忙碌，其實不外看看動新聞、上 facebook、like 別人的 post、你一言我一語吹水一下而已。當大家吹捧喬布斯的時候，智能電話已經不知不覺佔據了很多人的生活和社交行為。我們應該問問自己：「我們真的願意自己的生活被這幾個美國人的發明主宰嗎？」如果消費者尊重自己作為一個自主的個體，應該對任何推出市場的消費品採取批判性的認識，而不是一味追捧。

自我形象的建立

如前所說，消費主義通過社會比較，把想要等同需要，這種比較，歸根到底是自我形象的問題：用名牌就是形象高尚，用雜嘜就是低人一等。這是老生常談的中學時代的問題：「年青人應否追求名牌？」年青人身份認同尚未清楚，追求名牌是一種身份認定的方式，但成年人已經大概知道自己是怎樣的人、會做怎樣的事，社會地位、社會角色等等都很清楚，不需要把自己身份價值交由消費品、市場、資本家、生產商決定。而且，消費品的廣告往往包裝成「真我個性」的宣言，但弔詭的是，以消費品來表現自己的個性，其實是最沒有個性的表現，因為消費品一旦大量生產，市場就充塞大量一模一樣的貨品。為何女士出席宴會，最尷尬是遇到別人穿的衣服跟自己一樣？因為辛苦經營的個性立刻煙消雲散。其實，這種尷尬場面每天都出現，只不過我們看不到而已。於是聰明的資本家又想出新點子，推出「限量版」，把消費者剩下的消費價值（margin）也賺乾賺淨。

然而，時代不一樣，市場的選擇多了很多，消費者不一定要以主流的流行用品來表達自我形象，還可以選擇 fair trade、少數民族服飾、素服、中山裝，甚至自己 DIY 縫製等等來表達自我。一個身穿 Chanel 的闊太，取笑一個穿少數民族服飾的社運少女是沒有意義的，因為對方根本不是以相同的價值觀來衡量自己和他人，反而她的衣著，顯示出一種世界公民、環保、社會公義等等的意識醒覺，甚至讓那個闊太因自己的膚淺而自慚形穢。所以，建立用以衡量自己的價值觀，對自己的價值觀要有信心，不容易受人左右，不把價值訂立的權利交給別人，是回應消費主義剝奪自訂價值能力的最有效方法。

消費行為的快樂

另外一個牽涉到價值觀的問題是：為何我們的快樂要等同為消費？甚麼是快樂？為甚麼消費能給我們快樂？這種快樂的性質是甚麼？有人說shopping能醫百病，但也有人說消費、物質帶來的快樂或快感是短暫的、虛幻的。在下結論之前，這裏我們可以參考古希臘快樂主義的想法，所謂快樂主義（hedonism），並不等如一般理解的所謂享樂主義。快樂主義者必然追求快樂，逃避痛苦，但關鍵問題是我們應該追求怎樣的快樂，其中哲學家伊璧鳩魯（Epicurus, 341–270 BC）這樣說：「如果一個人享受某種快樂，而這快樂會令他看輕之後的經驗，而不再覺得快樂，那麼這種快樂是不好的。」（"It was not good to do something that made one feel good if, by experiencing it, one would belittle later experiences and make them no longer feel good."）意思是說，一個人享受快樂的能力，會因為試過某種快樂而減低，甚至帶來痛苦，那就是不好的快樂；相反，如果某人得到某些經驗，而令他享受快樂的能力增加，那就是好的快樂。舉例說，如果某人習慣吃得很豐盛，每天都飽嘗各樣美食，味蕾都麻木了，忽然有一天要他清茶淡飯、鹹魚白菜，他會因為覺得失去而痛苦；相反，如果某人長期吃鹹魚白菜，偶爾吃一頓豐富的，會覺得特別享受滿足。這樣看，消費得到的快樂，因為是享受消費的過程，而不是結果，必然是無止境的、貪新鮮的、短暫的，所以不是有質素的快樂。

賭博
——玩樂與沉迷之間

史文鴻

引言

賭博是人類社會裏廣泛存在的現象，在悠長的人類歷史之中，社會制度（特別是宗教及政治制度）對賭博都有不同的觀感，以及不同的應對手段。筆者最覺得驚喜的，是遠在1891年的美國，就有人對賭博這人類行為，羅列出一系列非常有意義的問題，足以供學者和一般市民大眾參考：

> 甚麼是機會（chance）？它怎樣影響所有人及圍繞他們的努力？賭博最廣義來說是甚麼？賭博遊戲（gaming）是否根本錯的，即是絕對罪惡的？……這種傾向（propensity）為何會存在？它是否人類天性無可避免的傾向（tendency）？道德是甚麼？賭徒和其他人有甚麼不同？他這種關切（occupation）和日常事務應該如何分辨？一個人的行為在甚麼程度上要受社會支配（dictated by society）？本質上應受懲責的（punitive）和不應受懲責的（行為）如何分辨？甚麼是一個國家權力處理人類慾望（appetites）及傾向的

限度？規限的法例（sumptuary laws）是否有效？……法律是否可根除這些內在傾向？法規（statute）是否能夠轉化性格？道德是否可能透過立法深入人心？在道德領域上，政治家和社會革命者的政策應該是甚麼？如果法律不可能根除這些激情，它們應如何受到管制（regulated）、導向（directed）、教育及淨化？[1]

賭博的正面特和功能

賭博既然是一種廣泛的人類行為，甚至深受某些人喜愛，它肯定有一些有意義的特性或性質，也可能達到一定的功能，才會對不少人有相當大的吸引力而使他們參與其中。事實上，可供賭博的往往有遊戲及娛樂性質，故此賭博往往被冠以「博彩遊戲」或「博彩娛樂」的名稱（香港賽馬會就是以博彩娛樂來標籤其包攬舉辦不同方式的賭博）。

賭博的其中一些方式的確是遊戲，或者一些遊戲可供賭博，例如打麻將、玩紙牌及擲骰子等，它們最受歡迎和普及的方式是二人或以上的玩樂及論輸贏，因而涉及金錢等「賭注」。這些活動自然有一定的功能，和遊戲的功能相似：[2]

---

1 Romain, J. H.（1891）, p.11-12.

2 Goodman, Nelson（1976）, p.256-258.古特曼這本經典美學理論的作品，提到藝術有三種目的，是「鍛煉」（gymnastics）、「玩耍」（play）及「溝通」（communication / conversation），正和遊戲及賭博的特質和功能吻合。

（1）鍛煉（gymnastics）——賭博受到歡迎乃因它涉及技巧，如打麻將、橋牌及不少牌藝，都不單只是純幸運，也涉及技術的應用，可以增強記憶、或然率的估量、心理的推測及技巧的運用等。這些活動肯定有益智的作用，使人更精明、更適應「生存」（survival）、「征服」（conquest）及「贏取」（gain）。

（2）玩耍（play）——遊戲和賭博一樣可以自身就帶來快樂。更有趣的是，兩者均可有兩個極端的表現：一方面，生活沉悶的可透過遊戲及賭博得到刺激；但另一方面，生活過度緊張亦可透過遊戲及賭博得到一點舒緩或排解，而兩者都會帶來快樂。

（3）溝通（communication）——人類玩耍及賭博最廣泛的特色是它是一種群體的活動，因此在賭博研究之中，也肯定人類是喜愛互動及競爭性的玩耍及賭博，這種賭博方式也泛稱「社會賭博」（social gambling）。社會賭博不單是互相學習比劃爭勝，也達到聯誼的目的，充分顯現人是社會動物的天性。

（4）治療功能（therapeutic function）——當代醫學界都基本上肯定遊戲及社會賭博的方式可以使老人繼續運用智力、增加活力和溝通能力，更可藉小額賭注所引發的刺激，減低患上老人痴呆（senile dementia）的機率。

賭博的負面特質和影響

不少宗教及社會道德意識比較強烈或保守的人士，往往指出賭博有不少負面的特質和影響：

（1）由於不少的賭博是基於局部或全部或然率，參與賭博會被形容為守株待兔或是投機取巧。無疑，人類喜歡心存僥倖，喜歡碰運氣，但這種行為基本上沒有對他人造成傷害，只要能為當事人帶來樂趣，道德主義者為何不樂見其成，反而加以嚴苛批評呢？

（2）批評賭博行為更容易被理解的，是賭博者往往被指摘有貪婪（avarice 或 greed）的心態，希望不只不勞而獲，而是取得他人所有，社會賭博或聚賭就是這種心態的表現方式。我們不能否認財富是一種可欲的東西，每個人生存在世，一定要擁有及支配一些財產，才能生存得好，Romain, J. H.就疑問：參與賭博的人是否一定比常人更貪婪？〔3〕事實往往説明賭博者遠遠不比社會上金錢犯罪的人貪婪。Reith, Gerda更指出賭博者在社會賭博中，希望得到的是「社會多於金錢得益，（贏來的金錢）連繫着的認同（recognition）、地位（status）及同儕讚許（peer approval）更重要。」〔4〕他進一步

---

3 Romain, J. H.（1891）, p.86.

4 Reith, Gerda（1999）, p.146. 另外，Walker, Michael B. 在他的研究中，也同樣強調：「賭博提供人們一種挑戰，…… 挑戰他們的變通能力（resourcefulness），堅持力及堅強的意志，…… 戰勝制度，…… 及累積大量財富，……」（“A Sociocognitive Theory of Gambling Involvement”在 Eadington, William R. & Cornelius, Judy A.（Eds.）（1992）, p.373.）

解釋賭博者往往不是為贏錢而賭，而是「用錢」來賭，「事實上，當他們不斷贏的時候，他們很快因為沒有挑戰而覺得沉悶」[5]。賭博者只要不是用欺騙的手法，即使利用較高的技術及較好的運氣贏取錢財，也不是罪行。

（3）遊戲和賭博往往被認為是不事生產、益少害多的活動。人生苦短，有意義的事很多，花時間、精力及錢財在賭博上，是很奢侈、耗費、甚至耗損生命的活動。很明顯，遊戲和賭博往往涉及非常重複的行為。下注——玩耍——贏輸，看起來很單調的，但對遊戲或賭博者，每一次都是新的刺激和經驗，不喜歡這種活動的人，能否以自己的喜好來否決他人的活動、參與和感受呢？[6]至於賭博是否不事生產，反對者可以指出投資者及資本家往往不用做甚麼，就賺取巨大的財富，他們承擔的風險小及活動程度低，肯定更不事生產！[7]生活不應只是生產，也應該包括娛樂，只要是在正常工作以外及屬於消閒賭博的遊戲且是廣泛受歡迎的活動，就不應被定性為奢侈頹廢及損耗生命的行為。

賭博的社會現象與生態

賭博是人類遊戲活動的一種，遊戲和賭博同樣有勝負，

---

5 同註 4，p.147。

6 Romain J. H.（1891）, p.90.「除了當事人，誰可以決定一個品味及消費（expense）的問題呢？」

7 同註 6，p.91。

勝了就帶來更大的滿足感，兩者往往涉及一點技術，但更涉及運氣。例如打麻將和打橋牌，就涉及技術，有技術的會容易贏，但若單講技術，那遊戲就失去很大的吸引力。當運氣的因素也加進來，甚至佔很大比例，則一般技術不佳的也願意加入，一則憑運氣的贏面更大會更吸引，二則也可視作參與一種技術訓練。賭博和一般非賭博的遊戲最重要的差異，是它涉及一定的注碼利益，遊樂場的遊戲要參加者付錢，而勝利者往往可得到比付出的金錢更為名貴的獎品，這已經可以視為一種賭博，而其他涉及大額金錢回報的遊戲，就更是賭博了！明顯的例子是賭場的賭博，如二十一點、百家樂、骰寶、老虎機及輪盤等，而香港和不少國家更有賽馬。更受歡迎及群眾化的是六合彩及在相關的或然率機會下中獎的賭博方式。不過，在這些賭博方式以外，投資市場也是一種重要的賭博方式，儘管正式買賣股票作長線投資並不應算做賭博，但是短期移動大量資金炒作一些股票急升急降的炒賣行為，也是接近賭博的一種。更明顯的，是所謂「投資市場期權」的「投資」方式，如買空、「孖展」(margin)、「牛熊證」、「炒槓桿」的行為，涉及的贏輸是多倍於正常的投資活動。其實，連炒賣樓宇、甚至買保險都可能涉及投機而算是賭博的方式。

沉迷賭博的問題

若我們認真反省以上各種對賭博的道德批評，加上更進一步看到廣義賭博的種種表現，我們其實在認同賭博和遊戲的廣泛度及正面意義前，不應該忽略賭博的批評者所指出的問題，他們並非無的放矢，他們指出的是沉迷賭博可能出現的種種問題。

當我們主張正常人間中參與社會賭博來發展興趣及尋求樂趣，完全不會脱離現實正常的作息及工作學習生活時，我們更應警覺在社會上的確有終日沉迷賭博的病態人士，他們若廢寢忘餐、不務正業，天天只醉心賭博，則以上道德守衛者的批評是完全正確了！病態賭博人士不單不務正業，只心存僥倖及尋求刺激，贏錢也不只為致富，而是更為可再繼續賭博，他們也因為贏了還會繼續賭而導致長賭必輸，甚至產生貪念施計騙財以繼續賭博，對同事、朋友及親人釀成極大的禍害。〔8〕

病態賭徒的病和社會上其他的病態如毒癮、酗酒、煙癮、購物狂及沉迷打電動遊戲者比較，更可顯示出它的特性。病態賭博並不像毒癮、酒癮、煙癮那樣對一種上癮的有形物品有所依賴，它是一種心理的執迷，和購物狂及沉迷打遊戲機很相似。不過，在傷害方面，它可以比任何其他的有形癮症及非實物的心理執迷更甚。儘管它不比硬性或軟性毒

8　有關病態賭徒的社會關係，可參考《香港人參與賭博活動情況》(研究報告)(香港：2002）中 5.26, 5.31 – 5.35 等段落。另外，Walker, Michael B. 也提出同樣的見解：「輸大錢使那賭徒的自我觀念及自尊受損，這些金錢損失危害家庭及危及賭徒的就業。」(Eadington, William R. & Cornelius, Judy A.（Eds.）（1992）, p.391.）

品、甚至酗酒對身體健康更具傷害性，但普遍的社會研究都證實病態賭徒可以輸至傾家蕩產。2001 年，香港特別行政區政府民政事務局委託香港理工大學做了一項研究——「香港人參與賭博活動情況」，從病態賭徒的深入訪問裏，就發現有些人士在沉迷賭博過程中，輸掉自己和家人數百元至幾千萬港元不等，導致被革職、朋友及親人遠離、妻離子散等不幸情況，這使人對沉迷賭博絕不能掉以輕心。病態賭博人士的行騙和金錢犯罪，規模遠遠大於有硬性毒品毒癮的人，因為他們一次賭博的消費規模比吸毒遠遠為高，一般毒癮癮君子為了解決短期毒癮，往往只傾向偷竊及詐騙，除非他們涉足販毒，禍害才會大。但販毒者往往不信任癮君子，怕他們監守自盜。病態賭徒幾乎千篇一律涉及騙取親友財物資產、利用信用卡騙銀行信貸，最後只有以破產來解決問題。最不勝其煩的，當然是直系親屬！病態賭徒的經濟耗損肯定比購物狂來得嚴重，跟沉迷電玩遊戲同樣影響身心發展，使人不務正業及蹉跎歲月，浪費生命，對個人的傷害同樣大。

政府面對賭博的種種考慮

如果我們現實地看賭博的種種表現形態，不難發現基本上有三種模式：一是普遍的社會賭博，它廣泛地存在，算是一種民間遊戲；第二種是私人的賭博經營集團，因為賭博可以涉及龐大的社會利益，自古至今都會有集團插手自行經營賭博牟利，香港社會在政府引入六合彩之前，就廣泛存在買

「字花」的活動。[9]民間流傳廣泛的「番攤」、「骰寶」及「牌九」也是集團經營的基本模式。這些集團一直是非法的，社會滲透度非常高，政府介入之後，他們的活躍程度會被遏制，但要他們完全消失並不容易。這些集團面對越來越多由政府規管的合法賭博經營，亦相應有一定的策略應對。最明顯的策略是提供折扣及信用額，他們能提供折扣完全是因為政府收到的投注金會扣除部分做博彩稅，餘下才是派彩。因此，非法賭博經營集團因為不用扣稅而可提供折扣；可是，當賭客能贏大額彩金時，這些集團就會採取談判的策略，只支付彩金的一部分，那麼投注人自然也會蒙受相當大的損失。信用額是更可怕的伎倆，投注人可享用一定的信用額，但若輸到限定的信用額就要起碼付一半，方可繼續賭下去。信用額的出現使投注人容易被誘惑多下注及輕易下注，但當到了信用額無法償還，就要蒙受討債或借高利貸償還的壓力，這些極容易導致病態賭博及承擔高利貸的社會風險。政府大力開拓合法賭博的途徑，就一定要準備和這些不法集團進行「博奕」(鬥法)。

在人類歷史發展中，政府過去往往對社會上賭博的行為，採取由道德主義的打壓到放任兩極端，雖然歷史上也有

9　香港人在政府提供合法渠道下，絕大部分人參與合法賭博，香港理工大學於 2011 年 7 月至 8 月的電話訪問中，只有 0.3%被成功訪問者，承認過去一年有參加非法賭博。(報告：項 1.4，頁 13)(香港理工大學應用社會科學系：《香港人參與賭博活動情況》(研究報告)，民政事務局局長法團委託，2012 年 3 月)

政府引入官家賭場。政府較大規模介入及在政策考慮上漸趨縝密，是非常近代的事，差不多在二次大戰之後，才有明顯的發展。其中的原因很多：

（1）政府趨向福利主義施政，需要大量稅收，而賭博稅收是最少遭抗拒的徵稅方式。

（2）政府行政架構越趨龐大，施政更有效率，行政團隊更為廉潔，使執行政策及管理合法賭博更成功。

（3）人民的意識提高，更傾向透過官方容許的合法機構進行博彩，不單可以保障收益，更可避免被不法集團支配剝削。

（4）政府施行合理的賭博開放政策，一方面可以達致政府和非法勢力之間前長後消的情況，也藉此減低全面禁賭下，要打壓非法經營與非法投注者的成本開支。

彼得・哥林斯（Peter Collins）在他的著作《賭博與公眾利益》（*Gambling and the Public Interest*），就對政府的五種可能基本態度作這樣描述：

> 一、賭博是一種罪惡（vice），政府的工作是要推展道德及根絕罪惡，所以政府的工作是要取締（stamp out）賭博。
>
> 二、賭博是不可欲的（undesirable），但是推行禁賭的物質代價是高到不可接受。因此政府應做的是「規限」（contain）及「勸阻」（discourage）賭博。
>
> 三、賭博對大部分人來說是無害的，政府應該把它作正常娛樂事業的一部分，除了要做到運用特

別方法來使這行業不受犯罪集團滋擾，更要處理沉迷賭博的危險。

四、賭博是政府推動大型公益計劃籌措金錢的好方法，所以一個異常龐大的賭博收益應歸政府，而賭博不應被勸阻，而是應得到鼓勵。

五、賭博是一個行政區域賺取外國人的錢的好方法，因此賭博應該被看待為一種出口事業——像旅遊業。〔10〕

就以上的第一點，我們容易判斷這是一種完全「道德主義的觀點」（moralistic point of view），這種觀點首先認為一般較自由主導的社會博彩和現今一般社會視為可接受的「社會賭博」（social gambling）也要遏制。因為這類賭博已經涉及貪念及僥倖心，當然也會被指摘為耗損寶貴時間和生命的行為。其實，不到十年前，中國政府的公安機構仍執行禁賭，還可以拘留私自參與賭博的群眾，並把他們關起來一段短時間。這種政策問題很多，賭博在中國大陸和普遍社會都是廣泛存在的社會行為，若要全面執法，政府根本沒有足夠的人力和資源，例如要施行拘捕及囚禁大量犯法者。結果，公安人員只能選擇性執法，這種執法的方式可以說是極不公義，執法人員也容易變成濫權。〔11〕此外，這樣禁止社會賭博的行

---

10 Collins, Peter（2003）, p.7.

11 選擇性執法的意思是，執法人員會選擇打擊地位較低、抗拒不大及弱勢的團體或社區，因此而出現達官貴人可隨便賭博，不受影響，但窮苦大眾就要蒙受極大風險和代價。

為，若要真正全面執行，會導致不少人被拘禁，而妨礙了正常的經濟生產及家庭生活，這種社會耗損的代價，任何政府都不能忽略，也難以承擔。

以上兩方面都說明，政府要執行一種「法理道德主義」（Legal Moralism），以消滅民間賭博為己任，可是執行時往往變得不公義，社會的代價和耗損會非常大，社會恐怕無法承擔。

更可怕的是，如果政府是貪污的，貪腐分子變成可以包庇集團經營的賭博，這種情況不單嚴重打擊政府的合法性和威信，也使社會資源異常不合理地分配在有權勢而濫權貪污的人手中，不為社會群眾所接受。

反對「法理道德主義」執行全面禁賭的觀點，不單是基於執行上的種種問題，更基於自由主義的信念。當賭博可以是一種聯誼的遊戲，對大部分人而言是生活的常態，打擊它自然是打擊人民的一種廣泛的活動自由，更容易助長不法集團經營賭博。儘管有一些人會變成病態賭博，但禁賭不單無助改善病態賭博的人，更使他們潛存在地下經營集團的控制下，以致無法施以治療！這方面就像我們不能因為有病態購物狂而禁止人們購物；有煙民及酒鬼就禁煙禁酒。

放棄了「法理道德主義」式禁賭的觀點，其餘由哥林斯上面所提的不同態度及管控方式，也只是程度的問題。

在一個貧窮的社會，政府是應該鼓勵人民勞動及投資創富，「規限」及「勸阻」賭博就有一定的意義，以免窮人連生活最基本的資源都輸掉，而國家也無法提供援助，因缺乏資源和專業人士去照顧病態賭博的人。[12]政府是可通過施行「法理家長主義」（Legal Paternalism）的方式來「規限」及「勸阻」賭博，只開放極有限的合法賭博渠道，但這不等同全面禁制，而是因時制宜的考慮。

當社會富裕，人民生活有更多空餘時間娛樂，也可以透過賭博遊戲來調劑生活，政府除了尊重人民社會賭博的自由外，更應開拓合法賭博的渠道，使人民遠離非法的賭博，這樣就可抽調資源輔導病態賭博人士。不過，無可否認，開放更多合法賭博方式亦有使病態賭徒人數增加的風險。這其實也是一種「法理家長主義」。

至於政府是否需要大量由合法賭博經營方式來增加稅收，的確是個複雜的問題，但基本的考慮是如果一個社會如香港一般有多元化的產業，容許過多合法賭博未必是好的考慮，但對澳門這些小地方或拉斯維加斯此等資源缺乏的地方，賭業的經濟意義就很大。

賭博的經濟考慮

賭博自由化及廣泛化表面上是社會富裕及生活更自由自主的象徵。政府也面對很大的誘惑進一步開放賭博以增加稅收，但是合理的政府不能不有很多考慮。

---

12 同註 10，p.32。Collins 這裏一方面認同貧窮國家應「規限」賭博，但整體上認為這種「法理家長主義」(Legal Paternalism) 的禁賭方式也不合時宜。

（1）過分開放賭博確容易導致更多人參與賭博，特別是中下層，結果他們累計要交更多的博彩稅，這些稅收能否更合理地被運用就很重要。否則中上層不博彩少交稅，而中下層因博彩則要交更多博彩稅，間接被多剝削了，但受益者是甚麼人？

（2）政府開放更多的賭博渠道，若目的只為增加稅收，則黑道及非法集團更有機可乘分一杯羹，隨之而來的洗黑錢、高利貸、罪惡延伸（如當娼、金錢犯罪、病態賭博），都有機會增加，政府及社會會否得不償失？例如澳門賭業興旺自然也帶起色情事業，對包攬當淫媒的黑道，政府有何對策？

（3）澳門的賭博業興旺事實上也拉高了地價和租金，使傳統小企業倒閉，形成一種「社區被吞噬」（community cannibalization）的現象。[13]這其實是擴大貧富懸殊的一種方式。

（4）賭博廣泛合法化使病態賭徒增加，也更容易吸引青少年參與。政府除了增加資源支援治療前者之外，在教育方面更應啟迪青少年從小開始了解和掌握賭博的意義及問題，

---

13 Barker, T & Britz, M.（2000）, p.156. 澳門賭業興旺使大量名牌公司進駐，擠走小傳統企業，當然其實和法國巴黎香榭麗舍大道一樣，只是這趨勢規模和速度的問題，小市民是否可承受，而政府又有甚麼對策？小問題方面，像香港政府設置投注站的周圍，就是「厭惡性」地區，因為有大量賭民來往及聚集，影響地方整潔衛生，滋擾附近正常經營的店舖，當然也更吸引小販及便利商店，這都是公營賭博的社區影響，不容忽視。

明白參與賭博的機會成本，以免債台高築及陷入病態賭博至不能自拔，影響個人身心發展。這兩方面，治療和教育也是高昂的社會成本！[14]

參考資料

Barker, Thomas & Britz, Marjie (2000) *Jokers Wild – Legalized Gambling in the Twenty-First Century* (Westport, Connecticut & London: Praeger).

Collins, Peter (2003) *Gambling and the Public Interest* (Westport, Connecticut & London: Praeger).

Eadington, William R. & Cornelius, Judy A. (Eds.) (1992) *Gambling and Commercial Gaming* (Reno, Nevada: U. of Nevada Press).

Goodman, Nelson (1976) *Languages of Art* (Indianapolis: Hackett).

Meyer, G. & Bachmann, M. (2000) *Spielsucht – Ursachen und Therapie* (Berlin: Springer).

Reith, Gerda (1999) *The Age of Chance – Gambling in Western Culture* (London & New York: Routledge).

---

14 Walker, Michael B. 在他的研究文章“A Sociocognitive Theory of Gambling Involvement”中，整理出病態賭徒的典型六種表現。（Eadington, William R. & Cornelius, Judy A.（Eds.）（1992）, pp.391-393），分別如下：

（1）追回損失（chasing losses）：賭徒希望贏回輸掉的錢，因而容易陷入加強賭博（accelerated gambling）。

（2）情緒轉變（changes in mood）：延續賭輸帶來精神沮喪（depression），特別輸錢導致家人不能諒解會加強心理壓力。

（3）抽離及行為遮掩（withdrawal and secretiveness）：他的賭博策略失敗及經濟拮据使他不敢面對家人，行為閃縮以免家人知曉。

（4）撒謊及欺騙（lying and deceit）：病態賭徒不會公開輸了多少及再投入賭博用的錢的來源。

（5）煩躁及憤怒（irritation and anger）：當事人沉迷，抗拒任何干預。

（6）不智的財務行為（foolish financial transactions）：薪金及積蓄耗用後，會用高息借貸及出售資產以供繼續賭博。

Romain, James Harold (1891) *Gambling: Or, Fortuna, Her Temple and Shrine: The True Philosophy and Ethics of Gambling* (Chicago: The Craig Press).

Williams, Leighton Vaughan (Ed.) (2003) *The Economics of Gambling* (London & New York: Routledge).

Gambling Review Report – Gambling Review Body, Department of Culture, Media and Sport (UK, 2001).

Australia's Gambling Industries – Inquiry Report, Productivity Commission (Australia, 1999).

《香港人參與賭博活動情況》(研究報告)，香港理工大學應用社會科學系/社會政策研究中心/通識教育中心(香港：2002)。

《香港人參與賭博活動情況》(研究報告)，香港理工大學應用社會科學系(民政事務局局長法團委託，2012年3月)。

歧視

——同志可以不同命嗎？

容樂

「歧視」及相關概念

說到「歧視」，很多時都連帶提到「平等」這概念。在概念上，「歧視」蘊含「不平等」地對待某些人的意味——歧視者在某範疇中對待被歧視者差於其他不被歧視的人（Lippert-Rasmussen, p.569）。如果這樣說，那麼一位老師給一個勤奮而且答對所有題目的學生一百分，給一個懶惰而又答錯大部分試題的學生四十分（差於前者的待遇）又是否「歧視」後者呢？相信大家都認為這個老師並沒有歧視、不平等或不公平對待這個懶惰學生。那麼另一位老師給所有白人學生（不論勤奮或懶惰以及答對多少題目）一百分，卻給所有黑人學生（縱使非常努力及答對所有試題）不合格的分數；毫無疑問，我們會合理懷疑這可能包含種族歧視成分。故歧視不只包括給予相對差的待遇，更重要的是給予不同的待遇是否建基於不平等及不公平的原則及態度。因此，「歧視」這概念應與「平等」及「公平」連在一起談。

「平等」這個概念要求我們一視同仁地對待兩個人，除非根據相關標準（relevant criteria），兩者有着相關的分別（relevant difference）；意味着本質上不偏不倚地對待有關人士（Lucas 1997, p.105; Gaus 2000, pp.132-133; Williams 1973, pp.232-233; Yung and Lee 2014）。問題的核心在於甚麼才是相關的標準（relevant criteria）去甄別相同者（equals）與非相同者（non-equals）（Yung and Lee 2014）。試舉一個例子對此加以說明——工作表現是否出色通常被視為應否晉升的合理相關標準（relevant criteria）；如果上司提升工作表現最出色的員工當主管職位，大家可能認為這上司平等及公平地對待所有員工；但如果上司升一位工作表現差劣的男士為主管，而員工中不乏工作表現出眾的女士，那麼我們可以合理地懷疑這上司有性別上的歧視——不平等地及不公平地對待不同性別的員工。這意味着我們認為員工的性別不應是決定晉升的相關標準。同樣地，員工的年齡、種族、性傾向、殘障等亦不被視為決定晉升的相關標準；否則，可能構成不同形式的工作歧視。此等歧視可視為直接歧視，即由於一個人的膚色、年齡、性別等在不相關的情況下成為給予相對差的對待的原因[1]，例如公眾泳池只供白人使用、招聘文員的廣告列明只接受男性申請者等。

值得關注的是「平等」並不等同於「相同」對待。如果一

1　膚色、年齡、性別等在某些情況，可能是按相關的標準去給予不同的對待，如一個導演在挑選適合的演員去演曼德拉這一角色時，只考慮黑人演員；在挑選演員當一位母親角色時，只考慮女性演員——在這種情況下便不構成歧視或不平等對待。

視同仁，對所有投考警察的人士，不論男女都有相同的體能要求；那麼，一般而言，大多數女性的體能弱於男性，女性被選聘為警察的機會就會相對減少，這可能構成間接歧視，也即是表面上一視同仁相同地對待所有人，但實際上並不公平地對待某一群體（Ferrell and Ferrell 2009）。為了能真正公平地對待男女投考者，警隊就需要對他們/她們釐訂不同的體能要求，以此來照顧到男女在生理上的分別，做到男女平等——不論男女均能被選聘為警察。基於相同的推論，在不同的體育項目如奧運、溫布頓網球錦標賽等，一般亦有男子項目及女子項目的區分。其他間接歧視的例子，如一所大學沒有無障礙通道的設施是間接歧視殘疾人士，致使他們不能入讀該校。

總結上文，一視同仁地對待所有人未必就不構成歧視，而歧視應與「平等」與「公平」等概念一起談；如果我們能根據相關標準，「相同地對待相同者；不同地對待不同者」（To treat equals equally; To treat non-equals unequally）（Aristotle 1998, p.112），我們便能「平等」及「公平」地對待所有人，真正清除歧視。下文將把上面討論的概念和標準嘗試對「一視同仁地對待」與「歧視」同志這議題作深入剖析。

一視同仁對待同志：是否有理？

性行為（sexual acts）及浪漫的吸引（romantic attractions），可根據個人及對象的性別，被界定為同性戀的或異性戀的

（American Psychological Association 2010）；如果對象是同性的，便被界定為同性戀，而同性戀者通常被稱為同志。性傾向是與別人建立以滿足對愛、依戀及性的親密個人關係有關的；除了性行為外，這種關係亦包含伴侶間性行為外的感情、共同目標與價值、互相支持及持續的承諾（Ibid.）。

同性戀乃普遍存在於人類社會，歷史之悠久猶如人類史。雖然在大部分歷史中，同性戀都被譴責（Skutsch 2001）。當然其中有社會公開接受同性戀，如古希臘，但這通常是例外的情況；很多社會（尤其是以前的社會）視同性戀為違反自然的罪行，制定法例把同志收監甚至判處死刑（Ibid.）。從現今香港社會的角度去回顧這些懲罰同性戀的法例，我們可能會認為這些懲罰太過誇張（out of proportion）或不合情理。換言之，我們認為同性戀與否不是相關的條件去決定判監或判處死刑。然而，雖然我們不同意用嚴厲的手段去對待同志，但這並不代表香港人沒有歧視同志。根據一項香港大學所做的民意調查，有75.8%的受訪者認為現時香港市民普遍對不同性傾向人士存有不同程度的歧視（鍾庭耀等 2012）。一位同志團體的代表在接受訪問時說：

> 「我都識得有[男性]朋友同男朋友住嘅地方呢，受到好大嘅滋擾⋯⋯包括返屋企嘅時候，會，門口有火水啊；個鎖匙窿比人唧咗強力膠啊；或者經常有大堆雜物在佢門口擺⋯⋯[佢哋]住呢類舊樓，好細嘅單位⋯⋯舊唐樓⋯⋯『D』八卦好犀利㗎⋯⋯」（Yung and Lee 2014）

以上同志團體的代表所提及在鄰社關係中歧視同志的行為可能只是冰山一角；可能香港人在不同程度上認為同性戀與否在不同的範疇中（如職場、社交、提供服務、租賃市場、鄰社關係等）是「相關的條件」給予同志不同（或相對差）的對待，縱使這態度並非建基於合理及正當理由之上。也就是說，人們在不自覺地歧視同志。

很多時把同性戀與否視為相關條件給予不同（相對差的）對待可被視為一種多數人壓制少數人的政治（politics of the majority over the minority）——由多數人以單一範疇（同性戀與否）的特徵作為定義特徵（defining characteristic），擴大而延伸到其他不甚相關的範疇（如是否好僱員、好鄰居等）上，對這些少數人貼上籠統的標籤，抹煞了這些少數與其他多數人更多的共通之處。其實，把同志標籤起來作為相關條件給予不同（或相對差的）對待，其中隱含着一種假設，即異性戀與同性戀的二元化，但如果我們把同性性傾向與異性性傾向不看作是分離的類目（discrete categories）而是一項連續體（continuum），那麼把有同性性傾向標籤起來給予不同對待可能便難以成立。上世紀四五十年代Kinsey與他的研究團隊透過訪問調查，發現很多人的異性性傾向與同性性傾向不是簡單的全有或全無（all-or-nothing）的二元情況，而是有顯著數量的男士及女士都有異性及同性性經驗或/及精神上的反應；故Kinsey及其研究團隊基於一個人相對不同的同性及異性性經驗或性反應，建構出一項衡量性傾向的七點尺度（7-point scale）的分類——其中0是只有異性性傾向而完全沒有同性性傾向；1 是主要有異性性傾向而只是偶然有同性性傾向；2 是主要有異性性傾向而超於偶然有同性性傾向；3 是相等地有異性性傾向及有同性性傾向；4 是主要有同性性傾向而超於偶然有異性性傾向；5 是主要有同性性傾向而只是偶然有異性性傾向；6 是只有同性性傾向而完全沒有異性性傾向；X 是沒有社交及性方面接觸或反應（Stein 1999，p.50）。如果我們認為Kinsey研究團隊的發現是成立的話，那麼除少數人士外，我們「在特別的處境和機會下，每個人均能對不同的性別產生反應，只不過我們會刻意否定然後遺忘某些社會不容的情慾感覺」（周華山 1995，頁342）。如果人類的性傾向是複雜而多方面的，那麼簡單把同性戀與異性戀二元化及對立起來，再把有同性性傾向人士突顯出來，進而給予不同或相對差的對待，這可能未必合理，可能他們/她們與其他人的分別只是程度上的差異而已。如果這樣，歧視同志的取態便顯得缺乏合理基礎。

有些保守人士認為同性戀是個人的選擇，是一種「生活方式」而不是一種傾向（Schaff 2004），正如懶惰的「不配受資助之貧窮人士」（undeserving poor）選擇不找工作而依賴政府補貼一樣，如果我們能合理地非正式負制裁（informal negative sanction）後者（如予以譴責、批評或表示不認同等），某程度上這亦適用於前者，因為兩者亦要為自己的選擇及所揀取的「生活方式」負責，承擔所帶來的後果。這種看法是建基於一個沒有足夠科學根據的假設——科學家已確立共識，即同志不能在沒有根本而重大的傷害下改變其性取向，正如異性戀者要改變其性傾向亦一樣困難（Ibid.）。科學家愈趨同意性傾向，不論同性或異性，是一項與生俱來而個人無法控制的狀態，故不可能在沒有心理損害的情況下改變（Salzman and Lawler 2006）。如果性傾向與我們的膚色、性別、種族等一樣是與生俱來而不涉及個人選擇的話，正如我們認為不應因一個人的膚色、性別、種族等去歧視他 / 她，我們亦應一視同仁對待同志，不應以他們/她們的性傾向作為相關條件去給予他們/她們相對差的對待。

反對同性戀人士可能會質疑以上提及的研究發現，認為這些只是支持同性戀人士用來合理化同性戀的藉口。儘管反對同性戀者可能不相信這些研究結論，仍然堅持同性戀是個人選擇，亦可隨意改變；即使事情果真如此，我們要問一個更深層次的問題——為何同志要改變他們/她們的性傾向？Mill（1859）的傷害原則（harm principle）指出除非為了防止對其他人構成傷害，我們應可自由行動（liberty of action），而正當的權力(包括法律上的刑罰及道德上的制裁)只能用於防止對其他人造成傷害而限制一個人的自由(令其不能依從自己意願去行動)，縱使這種限制可能對被限制者個人在身體上或道德上有裨益(如能令他/她更快樂或令他/她能被其他人視為明智或正確的)（p.68）。同性性傾向及行為(尤其是在私人領域中)只是同性伴侶兩個人之間的事，對他人並不會構成傷害(如不會構成身體上或財物上的損失等)，故根據傷害原則，我們沒有充分理由去限制或禁止同性性傾向及行為。本着這樣的精神，香港法律改革委員會發表的《有關同性戀行為法律》研究報告書（1983）指出：「在某些範疇內，如無必要保障他人免受某類行為影響，則法例不必負起這道德制裁的功用……」（p.111）；「只要同性戀是成年人彼此同意而私下理智地進行，便屬私事，不像搶劫或殺人事件，會損害他人。因此，這類同性戀活動，不應作為刑事罪處理」（p.105）。後來在1991年7月，香港正式取消刑事處罰（decriminalized）同性戀（Chan 2008）。雖然目前在香港，一般而言，同志不受法律上正式制裁（formally sanctioned），也就是消除了法律上的歧視；不過現時香港仍未有反歧視性傾向法例（sexual orientation anti-discrimination law）（Lau and Stotzer 2011; Yung and Lee 2014），故在法律以外的範疇（如職場、提供服務、租賃市場等），歧視同志是不受法律管制，意味着大眾仍「能」非正式制裁（informally sanctioned）、歧視或給同志較差的對待。

反對同性戀者會反駁傷害原則說道：「縱使同性戀傾向及行為，只涉及同性伴侶之間的事，對他人不構成實在的（tangible）傷害；但同性性行為令人反感（offensive）及噁心（disgusting），構成無形的（intangible）傷害，就算我們不加以法律上正式的制裁，也應非正式地在道德上及態度上譴責該行為。」[2]那麼很多行為及場面都容易令人反感或噁心，我們亦不見得必須進行非正式地、道德上及態度上的譴

2　即同性戀與否被他們視為「合理」的相關條件進而施予相對差的對待，例如在道德上及態度上予以譴責。

責——例如醫生為孕婦接生、為病人截肢或做心臟手術，其血淋淋之場面相信也令很多人感到不安或噁心，但我們並不認為在道德上及態度上應加以譴責，相反地我們還在道德上加以肯定。換言之，令人反感及噁心不是足夠理由（sufficient reason）去（正式或非正式地）限制他人的行為自由。況且同性性行為大多在私人空間進行，很多時感到噁心的人只是憑想像而沒有親眼目擊情況；如果把限制他人行為自由建基於我們的想像，那麼這將對我們的行動自由造成災難性的後果。反同性戀者可能會反駁指同志在公眾場所（不是在私人空間）的親熱行為亦可能令人不安及反感，應予以譴責；但在大庭廣眾之下，異性戀人的過分親密行為亦不見得不會令旁人有類同的反應。隨着社會對同志持更包容及平等的態度，公眾對於同性及異性戀戀人在公眾場所親密行為的容忍及接受程度應該趨向一視同仁及相若。

某些有宗教背景人士認為這並非有關反感噁心的問題，而是道德上的問題——同性戀行為違背神的意旨，牴觸宗教經文的明令，是罪惡的；如果訂定反歧視同性戀法例的話，他們表達對同性戀的宗教看法，可能被界定為歧視而觸犯法例；這便妨礙他們自由表達宗教信念，有損宗教自由。是的，我們的確珍惜宗教自由，但我們亦同時看重平等及反對歧視；兩者在同性戀這議題上可能產生價值衝突（value conflict）。有見及此，很多地方如英國及歐盟給予豁免權，容許某些宗教團體或人士在某些情況下以性傾向作出區別（如宗教團體在聘用員工時），作為平衡宗教自由及性傾向平等兩者之間的潛在矛盾（Malik 2011），這個妥協當然令人感到頗不自在（uneasy compromise）。其實即使有着同一宗教信仰的人士，亦有對同性戀持有不同看法的人，當中不乏持開放包容態度的宗教人士。不少反對同性戀的宗教人士的看法是建基於他們對宗教典籍的經文（作為表達神的意旨）的詮釋。這些宗教經文很多時被翻譯成不同語言，翻譯者的時代背景、社會價值觀及對針對的讀者群（target audience）的文化背景之理解，很可能構成翻譯上的偏差。而不同時代的宗教團體及人士亦可能因應不同的文化背景及社會價值對經文（翻譯本或原文）有不同的解釋（Okure 2011; Matthews et al. 2011）。因此，到底甚麼是神的意旨很多時並不是沒有研究和討論空間的。況且宗教典籍內容之豐富，可以容許側重不同經文的同一宗教人士對特定議題抱着不同觀點，例如我們在《聖經》中不難找到支持平等的經文，不排除着重這些經文的基督徒可能對同志較為包容。隨着社會價值觀趨向更包容平等，這亦很可能影響宗教人士（包括保守派）的價值觀，可能令他們對宗教經文有不同的詮釋及側重點，可能使他們對同志持更開放及包容態度。在這種情況下，在同性戀議題中的宗教自由與平等之間的衝突，將可能減少甚至化解，而兩者之間的「不自在的妥協」亦可能迎刃而解。

對同志的包容（tolerance）較為消極，只是消除歧視的第一步；更積極的態度應包括接受（acceptance）及正式承認（recognition）。而確立同性婚姻是接受及承認同志重要的一環，如在2015年6月美國的最高法院裁定拒絕承認同性婚姻是違憲的，正式使同性婚姻在美合法化。有人會說：「傳統的一夫一妻婚姻制度並沒有歧視任何人（包括同志），所有人（包括同志）都有相同的權利與一位異性結婚：這個制度一視同仁——所有人都享有同等的結婚權利，沒有人的結婚權被否定或遜於其他人的權利。」（Wedgwood 1998）但我們大多認為現代的婚姻不只是找任何一個異性組織家庭，而是對一個心儀或希望有親密關係及共同生活的對象作出公開而且法律上有約束力的承諾（legally binding commitment）。如果規範婚姻只能是一夫一妻的異性結合，縱使同志亦可找一個異性結婚，但是這個婚姻對象並非其心儀或希望有親密關係及共同生活的對象；因此只承認異性婚姻，就像是一位老師給所有學生五十分（縱使學生當中有答對所有題目的，亦有答錯所有題目的）[3]；沒有把合理相關條件下的相關分別作出適當的區分及相應處理（treating non-equals equally），造成不合理的情況[4]。不容許同性婚姻很可能間接歧視同志——表面上一視同仁相同地對待所有人（所有人不論同性或異性戀者都可找一位異性結婚），但實際上不公平對待同志這一群

---

3 正如一位老師對不同表現的學生都給予五十分，並沒有把合理的相關條件下的相關分別（即學生的不同答題表現）作適當的區分；只承認異性婚姻（及同時否定同性婚姻）同樣地沒有把同志只期望與同性伴侶結婚這相關分別在婚姻制度作適當的區別及相應處理（即在婚姻制度中沒有容納[accommodate]同志的心理及生理上對於結婚伴侶的不同反應及要求）而要求所有人（不論其性傾向）只能與異性結婚。

4 根據亞里士多德（Aristotle），相同地對待相同者，不同地對待非相同者（To treat equals equally; To treat non-equals unequally）是正義和合理的（justice）（Aristotle 1998, p.112）。

體，因為這種「一視同仁」剝奪了同志找一個心儀或希望有親密關係的對象（即一位同性者）結婚的權利。

現時的婚姻作為社會制度不只給予夫妻作為伴侶關係正面的社會肯定，而且政府及各團體還授予已婚者不同的權利，如有利的稅務待遇、移民權、承受遺產權、以夫婦關係申請公屋[5]、僱主給予僱員直系親屬的福利、領養孩子權等。堅持婚姻只能是一夫一妻的異性結合，暗示着同志們不能享有同等（由現行婚姻制度下所帶來）的權利，構成不公平及歧視的情況。而一般香港人亦有同感——根據香港大學一項在2013年的調查，74%的受訪者同意授予同性伴侶所有或部分異性伴侶所擁有的權利，雖然只有27%的受訪者完全同意應該准許同性伴侶結婚，及12%的被訪者「有點兒」同意容許同性婚姻（Loper et al. 2014）。聯合國人權事務委員會指出，國際法並沒有要求各個國家容許同性伴侶結婚，但保障個人免受性傾向歧視的責任應延伸至確保未婚的（un-married）同性伴侶與未婚的異性伴侶都有同等的對待及福利（benefits）（UN Human Rights Council 2011）。在一些國家裏，政府給予已婚或未婚的異性伴侶福利，但卻不允許未婚的同性伴侶有相同的福利（Ibid.）。縱使不能容納同性伴侶的婚姻制度，社會亦應建立另一確認同志伴侶間穩定關係的制度，令同志亦

5 目前香港房委會規定，只有夫妻才能以伴侶關係申請公屋（Hong Kong Housing Authority 2011），這就意味着同居伴侶及同性伴侶不能以伴侶身份及名義申請，間接削弱他們入住公屋的權利。

能享有類同異性戀者的福利及權利。英國的《2004年民事伴侶關係法》（Civil Partnership Act 2004）就容許同性伴侶取得等同民事婚姻（civil marriage）的權利及義務[6]、愛爾蘭《2010年民事伴侶關係和同居某些權利及義務法》（Civil Partnership and Certain Rights and Obligations of Cohabitants Act 2010）給予同性伴侶與民事婚姻關係相似（但非相同）的權利及義務[7]。聯合國人權事務委員敦促各國確保民事的伴侶關係（civil partnership）對非傳統的伴侶關係（如同性關係）不帶歧視成分（如在稅務及社會福利上）（Ibid.），這樣才算真正做到一視同仁。

較有爭議性的議題是同性伴侶養育孩子（parenting）的權利，這包含着領養孩子的權利、子女監護權[8]及以科技協助生育權等方面。這些議題並非只關涉同性伴侶兩人之間的事，而是會影響第三者，即被撫養孩子的福祉，尤其是他們/她們是未成年的，能否確保他們/她們健康成長至為重要，亦是同性伴侶應否有養育孩子的權利之關鍵。這與上文提及的傷害原則（harm principle）是一致的，即除非為了防止對其他人構成傷害，我們應可自由行動（liberty

6 英國的2013婚姻（同性伴侶）法[Marriage（Same Sex Couples）Act 2013]令同性婚姻全面合法化，雖然民事伴侶關係（civil partnership）仍然是一個選擇。

7 在2015年5月的公投中，大約62%的愛爾蘭人同意兩人（不論同性或異性）亦可結婚，意味着同性婚姻在愛爾蘭正式得到法律承認。

8 同志可能在以前的異性婚姻關係中生育子女，但在離婚後同志應否有子女的監護權，卻成了有爭議性的議題。

of action）——如果同性戀伴侶養育孩子會給後者帶來傷害，那麼同志在這方面的自由應被規限。根據美國心理協會2004年（American Psychological Association 2004）有關性傾向、家長及兒童的決議（Resolution on Sexual Orientation, Parents and Children）指出：「沒有科學證據證明養育孩子的成效與家長的性傾向有關：女同志與男同志家長與異性家長同樣能夠為他們的孩子提供有支援性及健康的環境……研究證明孩子的適應、發展及心理健康與家長的性傾向無關，而女同志及男同志家長的孩子與異性父母的孩子同樣地可以茁壯成長。」因此同志家長養育孩子未必會為孩子帶來任何傷害（合乎傷害原則[harm principle]），他們也能與異性父母一樣成為「成功」而且負責任的家長，令孩子茁壯地成長。即使同志家長對孩子的一般發展並無負面影響，反對者最擔心的是同志家長養育的孩子長大後會成為也有同性戀傾向的人。美國心理協會指出：「現有的證據顯示，絕大部分的成人女同志及男同志由異性父母帶大，而絕大部分由女同志家長及男同志家長帶大的孩子最終長大成為異性戀的。」（American Psychological Association 2010, pp.18-19）反對者可能會反駁，指出美國心理協會的專家意見及立場是建基美國及西方社會的情況，但在香港或中國人的社會中，情況可能不同。那麼，可能我們期待未來更多有關香港及在中國人社會這些方面的研究作為我們的參考。不過，人類無論在任何社會生活亦有一些共性（commonalities），這些共性不受文化、地域及時間限制，因人類在共同的心理及生理需要上有着共通的期望、恐懼及期待，雖然這在不同的社會背景當中有着不同的體現。兒童的成長需要亦很可能有着一些共性而不因社會背景不同而有很大的差別。如果這個假定是成立的話，美國心理協會的專家意見及立場對中國人及香港社會仍有很大的參考價值。

總結

歧視很多時候源於社會及文化上的因素多於生理上的因素（more a sociological and cultural issue than a biological issue）；是的，我們可能在生理上有着膚色、性別、性傾向、殘障與否等分別，但區別（distinguish）不同於歧視（discriminate against）——前者多建基於生理因素，後者大多建基於文化及社會因素。[9] 只要我們不把不同的生理因素作為歧視的主要原因，那麼人們可以是不同的（different），人類可以是平等（equal）的。要真正消除歧視，最重要是增加我們對被歧視者的認識。科學和社會科學的研究（尤其在東方或中國人社會中進行的）能加深我們對不同群體的認識（而比較研究更能讓我們了解不同群體在不同文化背景下的情況），更重要

---

9 社會文化及價值觀很多時把一些人或群體在某方面的生理上分別（如女性在生理上的不同構造、少數族裔的膚色等）擴大化及延伸至不甚相關的範疇中，從而把這些群體標籤起來及給予相對差的對待，構成（建基於社會文化及價值觀上）各範疇中的歧視。即同志可能與異性戀者在某程度上有心理及生理上的分別，但歧視同志往往是建基於多數人所建構出來的社會文化及價值觀之上（誇大同志與異性戀者的分別而忽略兩者更多共同之處）。

的是要賦權予（empowerment）被歧視者（而研究結果亦可能促進賦權之過程），令我們能夠聽到他們的心聲（giving voice to），通過對話的方式了解他們的觀點、感受和看法，從而令我們對事情的多樣性持更包容開放（tolerance of diversity）的態度，最終達致更平等的社會。很多時，我們對平等這個價值觀的追求可能與我們其他珍惜的價值觀（如宗教自由、性方面的價值、家庭價值、傳統價值等）之間產生矛盾。怎樣在這些價值觀的衝突中取得平衡，可能是各個社會在不同時期要深入探討及決定的議題。我們的社會曾經深入討論及探討有關對待不同性別、種族等議題；而目前由於香港社會正在熱烈地討論如何就反歧視性傾向立法，這説明我們的社會正關注這個問題，並把它列入我們的政策議程當中。我們期望通過理性的對話及討論，香港能夠向着成為一個更包容及多元的社會再邁進一步。

鳴謝

作者藉此感謝孫文彬博士閱讀此文初稿，並提出一些文字上的修改意見。作者亦感謝有着不同宗教背景的舊同事及舊同學在不同飯局中與作者討論他們／她們對歧視同志這議題的立場及看法，令作者在草擬本文前能對有關議題有更深入的反思。

參考資料

American Psychological Association (2004) *Sexual Orientation, Parents, & Children*. Available online at: http://www.apa.org/about/policy/parenting.aspx [Retrieved on August 10, 2014]

American Psychological Association (2010) *Brief of the American Psychological Association as Amicus Curiae in Support of Appellee Gill.* District Court of Appeal, Third District, State of Florida, Case No.3D08-3044. Available online at: http://www.apa.org/about/offices/ogc/amicus/xxg-nrg.pdf [Retrieved on August 10, 2014]

Aristotle (1998) *The Nicomachean Ethics*, Book V, translated by D. Ross. Oxford: Oxford University Press.

Chan, Phil C.W. (2008) "Stonewalling through Schizophrenia: An Anti-Gay Rights Culture in Hong Kong?"*Sexuality & Culture* 12, pp.71-87.

Ferrell, Linda and Ferrell O.C. (2009) "Avoiding Discrimination" In *Ethical Business*. New York: Dorling Kindersley, pp.26-27.

Gaus, G.R. (2000) *Political Concepts and Political Theories*. Boulder: Westview Press, Chapter 6.

Hong Kong Housing Authority (2011) *Waiting List for Public Rental Housing - Information for Applicants.* Available online at: http://www.housingauthority.gov.hk/hdw/content/document/en/others/HD273.pdf [Retrieved on July 11, 2011]

Lau, Holning and Stotzer (2011) "Employment Discrimination Based on Sexual Orientation: A Hong Kong Study"*Employee Responsibilities and Rights Journal*, 23(1), pp.17-35.

Lippert-Rasmussen, Kasper (2012) "Discrimination and Equality" In Andrei Marmor(ed.) *The Routledge Companion to Philosophy of Law*. New York and London: Routledge, pp.569-583.

Loper, Kelley, Lau, Holning and Lau, Charles (2014) *Research Shows a Majority of People in Hong Kong Support Gay and Lesbian Couples' Rights, Not Necessarily Marriage*. Hong Kong: Centre for Comparative and Public Law, Faculty of Law, The University of Hong Kong. Available online at: http://www.law.hku.hk/ccpl/Policy%20Paper%20(FINAL%20UPDATE%20-%20ENGLISH).pdf [Retrieved on February 1, 2014]

Lucas, J.R. (1997) "Against Equality", in: Louis P. Pojman and Robert Westmoreland (Eds) *Equality: Selected Readings*. Oxford: Oxford University Press.

Malik, Maleiha (2011) "Religious Freedom, Free Speech and Equality: Conflict or Cohesion?"*Res Publica* 17, pp.21-40.

Matthews, Thomas G., Rountree, Catherine and Nicolle, Steve (2011) "Implicit Aspects of Culture in Source and Target Language Contexts"*Journal of Translation* 7(1), pp.21-46.

Mill, John Stuart (1859) *On Liberty*. Gertrude Himmelfarb(Ed.) Harmondsworth: Penguin.

Okure, Teresa (2011) "What is Truth?"*Anglican Theological Review* 93(3), pp.405-422.

Salzman, Todd A, and Lawler, Michael G. (2006) "New Natural Law Theory and Foundational Sexual Ethical Principles: A Critique and a Proposal"*The Heythrop Journal*, Vol.47(2), pp.182-205.

Schaff, Kory (2004) "Equal Protection and Same-Sex Marriage"*Journal of Social Philosophy* 35:1, pp.133-147.

Skutsch, Carl (2001) "Sexual Orientation and Homosexuality" In James R. Lewis and Carl Skutsch (eds.) *Human Rights Encyclopedia Vol. 3*. New York: Sharpe, pp.890-894.

Stein, Edward (1999) *The Mismeasure of Desire: The Science, Theory and Ethics of Sexual Orientation*. Oxford: Oxford University Press.

UN Human Rights Council (2011) *Discriminatory Laws and Practices and Acts of Violence Against Individuals Based on Their Sexual Orientation and Gender Identity: Report of United Nations High Commissioner for Human Rights*. UN: General Assembly.

Wedgwood, Ralph (1998) "Same-Sex Marriage: A Philosophical Defense" In Robert B. Baker, Kathleen J. Wininger and Frederick A. Elliston (eds.) *Philosophy and Sex*. New York: Prometheus Books, pp.212-230.

Williams, B, (1973) *Problems of the Self*. London: Cambridge University Press, Chapter 14.

Yung, Betty and Lee, Fung-ping (2014) "'Equal Right to Housing' in Hong Kong Housing Policy: Perspectives from Disadvantaged Groups"*Journal of Housing and the Built Environment*, 29(4): 563-582.

周華山（1995）《同志論》，香港：香港同志研究社。

香港法律改革委員會（1983）《有關同性戀行為法律研究報告書》，香港：香港法律改革委員會。

鍾庭耀、彭嘉麗及李穎兒（2012）《香港市民對不同性傾向人士之權利意見調查》，http://hkupop.hku.hk/chinese/report/LGBT_CydHo/content/resources/report.pdf。

為「溫和」正名
——從政者應有的倫理*

陳祖為

人們在日常政治討論中，常把「溫和」(moderate) 等同於「保守」、「只顧現實」、「中立無主見」、「不左不右」、「騎牆」、「和稀泥」等等。有人認為「溫和」只是在對立兩端尋找中間點，有人認為溫和政治路線的人(以下簡稱為「溫和者」)是現實主義者，有人認為溫和者是因循守舊及盲目擁護現有制度價值的保守主義者，亦有人認為溫和路線只是平庸之輩的行動選項。

這些看法皆很有問題。本文嘗試從哲學和政治學角度為「溫和」正名，並說明溫和者的理念、溫和者的政治、溫和者的抗爭和溫和者的力量。希望藉着釐清這些概念，能有助我們理解溫和政治路線的要旨和重要性。

溫和者的理念

何謂「溫和」(moderation)?

---

* 原文載於《端傳媒》，2016 年 5 月 9 日。蒙「民主思路」同意，於本文集刊出。

從概念上說，首先「溫和」並不是中間主義。我們並不可以說在政治光譜兩端之間的中點位置就是「溫和」，因為這樣就會把「溫和」的內容完全取決於政治光譜兩端為何之上。

試想像，在一個只存在激進政治價值的社會，其政治光譜的中間點也會是激進的；若我們把那中間點定義為「溫和」，這顯然與「溫和」二字格格不入。因此，要明白何謂「溫和」，我們必須首先指出「溫和」是有其獨立內容的，它並不是指政治光譜的中間點。

那麼，「溫和」的內容是甚麼？或者更具體地問：溫和者持守甚麼理念？擁有甚麼特質？「溫和」作為一種政治態度，包含謹慎、適度、寬容、不偏激、不粗暴、不急躁、不自以為是等等。這種態度的哲學理念，是基於對多元價值的認識，以及對人的限制的深刻理解。[1]

首先，價值是多元的，可以各自有合理和證成之處，而且很難說孰高孰低。例如，在政治領域中，自由和平等是很有價值的東西，但秩序和效率也是；在個人生活上，自主和快樂是很重要的，但委身與美德亦然。然而，當價值互相衝突、不可在現實中並存時，我們就必須謹慎選擇，甚至讓步。事實上，現代社會愈益開放，人的思維和價值就愈來愈多元，對價值和生活方式的選擇往往有着極大的分歧，莫衷一是。

1　參Harry Clor, *On Moderation: Defending an Ancient Virtue in a Modern World* (Texas: Baylor University Press, 2008), chap.1.

此外，「溫和」亦是基於對人的限制的深刻理解。一方面，在知性上，沒有人是全知的，人的知識是有限的，根本不可能完全掌握世界真理，更不可能為複雜的社會問題提供完美的解決辦法；而且，人們亦因知識所限，對事物的詮釋每有偏差。另一方面，在德性上，沒有人是完美的，人性是軟弱的，有着各樣的缺點，如自大、貪婪、懦弱、嫉妒、懶惰等等。只有當人知道自己這些知性上和德性上的限制，才懂得溫和，才不會自以為是，才不會把自己所相信的一套強加於他人。亦因為這樣，溫和者明白沒有制度是完美的，即使有，在操作上也會出現問題；所以，溫和者對體制缺陷有着多一分的寬容。

簡言之，溫和者持守着這樣的理念：價值是多元的，而且因為人的限制，我們不應硬把自己的一整套價值套用在整個社會之上。

在政治上，我們不應迷信「終極方案」、「完美藍圖」或「政治真理」；只有撇除那些烏托邦的思維，才會有溝通和妥協的餘地，才可避免各方因價值不同而互相攻訐，不斷把鬥爭升級。政治必須是一個權衡價值、對話互補、上下求索的過程。

但這並不意味着溫和者是沒有原則、沒有道德底線地行事。第一，溫和者只是對任何政治上和道德上的「全面性論說」（comprehensive doctrine[2]）抱有極大懷疑，不相信世

2 這裏所說的「全面性學說」（comprehensive doctrine）是借用了約翰．羅爾斯（John Rawls）的說法，參見John Rawls, *Political Liberalism* (New York: Columbia University Press, 1993), p.59。

界只有唯一的真理和原則；但他沒有否定在個別事件的判斷中，我們應該訴諸與該事件相應的原則和價值。

即是說，溫和者的政治和價值判斷是「個別的或散餐式的」(piecemeal[3])，當中並不預設某一套全面性論說。第二，溫和者有其道德底線，亦會委身於一系列基本價值。只是，溫和者重視與各方溝通，在不觸及道德底線的情況下，願意為謀得共識而妥協和讓步。但是，一旦有力量踰越他們的底線，當讓無可讓時，溫和者是不會出賣自己的；相反，溫和者甚至會不惜把行動升級，進行抗爭，以守護道德底線。

溫和者的特質

在個人層面，溫和者擁有以下的特質和操守：實用智慧、勇敢、公民文明、自制、公正無私、多角度思考、縱觀全局等等。

溫和者重視實用智慧，認為政治領域並非如科學世界般有所謂的定律鐵則，面對政治問題時應因時制宜而非因循守舊。溫和者亦需要勇氣，堅持自己的路線，並勇於面對他人(尤其是激進派)的批評。在與他人對話或爭論時，溫和者亦秉持公民文明。

---

3 這裏所說的「個別的或散餐式的」(piecemeal)的價值判斷是溫和致善主義(moderate perfectionism)的特徵，參 Joseph Chan(陳祖為), "Legitimacy, Unanimity, and Perfectionism", *Philosophy & Public Affairs,* Vol. 29, No.1 (Winter, 2000), pp.5-42.)。

公民文明是一種美德，它要求人們於公共場合有禮、有敬、寬容及體面地對待他人，並適時節制自身的即時利益。當人們出現意見相左時，公民文明尤其重要：即使存在着不同的觀點或利益衝突，我們都應該謹記我們之間的「共同聯結」（common bond），嘗試尋找對抗觀點中的「共同基礎」（common ground），和超越黨派利益的「共善」（common good），以減少衝突。為了尋求共同基礎和共善，公民文明要求人們開放思想，以他人也可接受之理由來證成自己的觀點，嘗試收窄分歧，願意在未能取得完全認同的情況下妥協。[4]

此外，正因為要秉持公民文明，溫和者不會狹隘地只從自己的角度出發，不會為了私利而犧牲其他人的利益；溫和者會不斷嘗試以多角度去思考問題，顧及各方的立場，務求掌握全局。

溫和、現實主義和保守主義

明白了上述溫和者的理念和個人特質，我們可進一步作

4 關於公民文明的討論，另見 Joseph Chan, *Confucian Perfectionism: A Political Philosophy for Modern Times* (Princeton: Princeton University Press, 2014), pp.90-91 and p.201; Nina Eliasoph, “Civil Society and Civility”, chap. 18 in *The Oxford Handbook of Civil Society*, ed. Michael Edwards (New York: Oxford University Press, 2011), p.220; Nicole Billante and Peter Saunders, “Six Questions About Civility”, *CIS Occasional Paper* 82 (July 2002), p.3; Mutz, *Hearing the Other Side: Deliberative versus Participatory Democracy* (New York: Cambridge University Press, 2006), p.75。

一些較仔細的釐清。人們常說溫和者是現實主義者和保守主義者。無可否認，「溫和」含有一些現實主義及保守主義的元素，但溫和者並非全盤接受這兩套價值體系的假設及推論。

簡單地說，政治現實主義相信政治現象是受制於客觀條件，在研究政治制度和事件時，會把利益和權力置於核心地位。依據現實主義的觀點，政治說到底是在於保持權力、增加權力或表現權力；而政治穩定則取決於能否達致權力均衡。在作出政治上的取捨時，必須首先認清眼前客觀條件，審視形勢，把握事物的客觀性與準確性，然後考慮各個選項在權力上的成本效益。政治決策變成純粹的權力增減之盤算；政治，就是權力政治。

至於保守主義，則有強烈保護現狀及現存價值的傾向，並對將來的、還未實現的、偏離現狀及現存價值的制度抱有極大懷疑。保守主義有其哲學上的根據。一方面，它將社會看成有機體，當中各部相連，牽一髮可動全身，而且破壞容易、改進難。另一方面，它認為人的知識是有限的，人們至多只能預見小變的後果，卻無從事先計算大變的全部後果。因此，社會變革必須是小變和慢變，若非情況惡化到社會不能容忍的地步，就大可不變。

所謂「保守」，就是要尊重現狀，維持現實世界已經存在的東西。這樣做，並不是因為要守護某一傳統，而是因為變革帶來的破壞隨時可能比得益還多。當有人拋出理想藍圖，意圖大幅改革社會，幾可肯定會出亂子。保守主義者並不放眼於某些遠大的理想，而着重當下眼前的問題。任何社會變革都必須穩紮穩打，步步為營。[5]

在一些地方，溫和者與現實主義者和保守主義者看法相近。溫和者明瞭政治理想和抱負在現實中的局限，作出政治判斷時，不應只高舉理想，也必須準確分析客觀現實形勢，並回應眼前所見的問題。他們對實踐政治理想的保守態度，很大程度是出於其個人經驗及社會觀察；他們的人生經歷，使得他們傾向適應存在已久的歷史或慣性的束縛，甚至願意容忍體制中的一些缺陷。溫和者明白人的局限，並會警覺性地懷疑在體制中實現理想價值的可能性。他們認為，與其一下子推行大型的社會改革工程，倒不如把它分拆成小型工程，逐一試驗，這樣才有逐一修正的空間，以免局勢無法挽回。

然而，溫和者也有異於現實主義者和保守主義者的地方：

首先，溫和者並不把權力、利益視為政治的唯一考量。溫和者有其道德底線，也委身價值，堅守原則。在作出政治判斷時，這些價值和原則也必落入考慮之中。對溫和者來說，政治判斷不應只是權力和成本效益之盤算。在此意義下，溫和者其實並不是現實主義者。

---

5 王紹光，〈「保守」與「保守主義」〉，《二十一世紀》，第 12 期，1992 年 8 月號，第 135 至 138 頁。另見Michael Oakeshott, "On Being Conservative", in *Rationalism in Politics and Other Essays*, ed. Timothy Fuller (Indianapolis: Liberty Press, 1991)。

其次，溫和者並不排斥進步，只是反對冒進。溫和者尊重多元價值，亦嚮往進步的價值，即使還未實現，也會熱情地追求。因此，溫和者抗拒因循守舊，懂得理性思考並擇善固執，以開放態度參考及學習世界各地解決社會問題的經驗及方法。在此意義下，溫和者其實並不保守。

所以說，「溫和」不是一個相對的概念，不是中間主義，亦非純粹為現實主義和保守主義背書，更不能與平庸畫上等號。溫和者不是沒有理想，只是明白理想不可一蹴而就。溫和者亦擁抱價值，堅守道德底線，會對現存社會制度的缺陷提出道德批判，不會對不合理的東西視若無睹。

溫和者的政治

溫和政治路線是難行的。對溫和者來說，政治（的其中一部分）是關於如何作出平衡及調和，政體的設計不應該是贏者通吃的零和遊戲。從體制原則來說，我們必須思考如何取得「政體的平衡」；例如，在政府和民眾參與之間、在秩序和自由之間等等。

其實，此種「溫和」思維和平衡元素是常見於政治理論和實踐之中。亞里士多德（Aristotle）早於古希臘時代就提出「混合政治制度」：政體中存在三層公民，分別為富者和貧者，以及處於兩者之間的「中層」公民；穩定的政體須由中層公民管治。[6]

---

6 Aristotle, *Politics,* IV.11.

此外，現代政體的兩院制、法治和三權分立，亦是依據平衡原則來設計。簡單地說，例如在美國的兩院制中，參議院是體現各州不論大小皆享有均等的代表權，眾議院的代表權則以人口多寡為基礎。而在英國的兩院制中，上議院是代表着傳統貴族和精英，下議院則是以平民組成。兩院互相制衡，又互相平衡，目的就是要防止一國之內一個群體壓倒另一個群體。

又例如，十八世紀法國哲學家孟德斯鳩（Montesquieu）在《法意》（The Spirit of Laws）一書中提出分權學說，主張要把立法權、有關國際法事項的行政權，以及有關民法事項的行政權（即司法權）分立而治，來防止統治者獨攬所有權力。[7]美國制訂憲法的時候，就是參考了孟德斯鳩的分權學說，明確訂下了行政、立法、司法三權分立並互相制衡的政治體制。美國憲法之父麥迪遜（Madison）認為，權力集中永遠是對自由的嚴重威脅。他說：「把所有立法、行政和司法權置於同一手中，不論是一個人、數個人或許多人，不論是世襲的、自己任命的或選舉的，我們也可公正地稱之為暴政。」[8]要防止暴政，就要把權力分散，確保法治和司法獨立，並使權力與權力之間互相制衡。以上這些制度，無論

7 Montesquieu, *The Spirit of Laws*, ed. David Wallace Carrithers (Berkeley: University of California Press, 1977), Book XI, Chapters 4 and 6.

8 Alexander Hamilton, James Madison, John Jay, *The Federalist Papers,* ed. Clinton Rossiter (New York: Signet Classic, New American Library, 2003), No. 47, p.298.

是兩院制還是三權分立，目的就是要防止贏者通吃的局面出現，盡量使到政體得享平衡。這一點正符合了溫和政治路線的理念。

在現實政治中，走溫和路線的人當然也有高低之分。溫和者若拿捏不好，很容易落入優柔寡斷、缺乏信心、進退失據之境地。對於如何成為一個政治上出色的溫和者，我們或可參考韋伯（Max Weber）就政治家特質的討論。韋伯認為政治家應有三個特質：熱情（passion）、責任感（feeling of responsibility）及分寸感（sense of proportion）。[9]

首先，政治家對政治要有熱情，熱愛自己的志業，否則就難以長時間、鍥而不捨地投入政治熱廚房之中。

其次，他必須負責任地作出政治判斷和行為，在事情（政策及其執行）尚未發生之前，小心衡量不同政策的可能後果，然後選擇最能產生良好後果的政策，並盡量使該政策落實。

第三，亦是最重要的，就是分寸感。懂分寸，即懂得分辨輕重、快慢、甚麼是重要或不重要。如何懂得分寸？一方面，我們要有足夠的知識及運用理性來考慮問題。另一方面，我們亦可累積經驗不停學習如何掌握分寸；豐富的人生歷練有助於衡量事情的得失、環境局限、成功機會及後果。此外，韋伯指出分寸感亦視乎能否以一個抽離的角度衡量各選項的後果及成功機會，在思考的過程中與事情保持一定

---

9 Max Weber, “Politics as a Vocation”.

「距離」。這說法與我們日常所說的「當局者迷，旁觀者清」，並無二致。

對韋伯來說，在政治領域中，那些缺乏熱情、責任感及分寸感的人頂多是政客，他們是成不了政治家。蘇聯時代捷克著名異見者、後來在共產政權倒台後成為總統的哈維爾（Vaclav Havel）亦曾說過，政治家最重要的是要有耐性、縝密思考、分寸感和了解他人。[10]在此，哈維爾與韋伯的看法基本是相同的。

韋伯和哈維爾對政治家的要求正就是溫和者應有的內涵。當身處現實政治中，溫和者要保持熱情，縝密思考，負責任地作出判斷，不偏不倚、有分寸地權衡得失進退。當然，這些可不是容易做到的事情。以下，讓我們進一步討論溫和者是如何看待抗爭，當中應可看到熱情、責任感、分寸感等等是如何體現在溫和者身上。

溫和者的抗爭

人們常以為溫和者是不會採用激烈的抗爭手段。其實溫和者並非完全放棄抗爭策略，只是抗爭從來不是他們決策過程中的首要選項。在此，我們不妨區分「進取式抗爭」（aggressive resistance）和「防衛式抗爭」（defensive resistance）。

---

10 Vaclav Havel, "Politics, Morality and Civility", in *Summer Meditations,* translated by Paul Wilson (New York: 1993), p.12.

溫和者對進取式抗爭，例如搞革命，有極大保留；也對那些指革命是唯一出路的論說，抱有極大懷疑。但是，溫和者也有其堅守的價值，當有勢力踐踏或干預他們的價值和信念時，溫和者會採取漸進式策略，先與對方對話，嘗試講道理、游說、協調，謀求化解矛盾。只有在對話失敗後，為了保衛自己的價值才把行動升級，甚至轉而採取遊行或公民抗命等較激進手段。因此，在抗爭態度上，溫和者與勇武者大有不同：勇武者傾向以抗爭策略威脅對手，以換取更多政治籌碼；而溫和者則傾向以溝通解決問題，在雙方溝通協商失敗後才逐漸將行動升級，向對方施壓。

在決定抗爭的時候，溫和者的分寸感就變得非常重要了。他們會透過考慮雙方實力差距、抗爭成功機會、公眾支持，以及參與者承受後果的能力等因素，來選擇採取何等程度的抗爭行為。但無論何種抗爭，過程中始終會恪守道德原則。溫和者不會採納敵我思維，不會妖魔化或抹黑對手，因為這只會堵塞對話協商之路，大大減低雙方日後達成共識或讓步的可能性。即使形勢比人強，亦不會惡意羞辱嘲笑對方，因為這只會引來更大的反抗。這不單進一步撕裂社會，更難保公眾輿論一天轉向，雙方形勢隨時逆轉。

自始至終，溫和者在抗爭過程中都是據理力爭，抓緊問題核心，指出事件盲點，讓真理越辯越明。儘管在強權之下，抗爭是失敗收場居多，可是溫和者卻不能因此而在抗爭運動中缺席，因為抗爭的象徵意義，很多時候比實際結果更為重要：藉着抗爭，溫和者亦宣示了對價值或原則是何等的肯定和堅持。不論抗爭成功與否，這些價值和原則本身就必須得到彰顯。

假若溫和者在雙方溝通協商失敗後，突然選擇在抗爭中離席，這只會令人質疑他們對價值的堅持，質疑他們是否只空談理想，在重要關頭卻可以放棄原則任人魚肉。因此，溫和者即使預視到抗爭策略最終無法守護價值或制度，依然會「明知不可為而為之」，這就是因為他們認為其深信的價值及原則必須在社會上得到申述和肯定。

溫和者相信，即使他們深信的價值或制度不能在政治戰場上得到守護，亦必要在輿論戰場及價值戰場上屹立不倒。對溫和者來說，寧可在政治上被對方擊倒，也絕不能把真理拱手相讓。

簡言之，溫和者並不視抗爭為唯一之途，抗爭是捍衛價值和原則的最後手段。溫和者對價值和原則的捍衛，即使是走到最後，仍會是堅定不移的。

溫和者的力量

因此，溫和者並不是懦弱的人；選擇溫和政治路線絕非等於示弱。相反，溫和者的力量是不容小覷的。這至少可從兩方面說：溫和者的道德力量，以及其論述的啟發和影響力量。

溫和者不相信武力，認為暴力只會帶來更多暴力，即使武力可以一時嚇倒他人，令人噤聲，但這種局面不會長久。

溫和者崇尚以理服人，堅守道德底線，即使面對強權高壓，也不會出賣自己的信念。溫和者身體力行，堅持到底；藉着指出對方的荒謬，來感召人們在每天生活中重新擁抱人的良知和價值，拒絕接受謊言和詭辯。這就是哈維爾所說的「無權力者的力量」（the power of the powerless）。[11]這力量不是在於武力，而是在於「活在真相之中」（to live within the truth）的道德力量。哈維爾指出，東歐共產主義政權其實是被生活、思想、人的尊嚴所推翻的。[12]然而，在專制強權底下，我們如何達致活在真相之中？方法可以包括知識分子的公開信、工人罷工、樂與怒音樂會、學生遊行示威、拒絕在不公平的選舉中投票、在公眾或官方場所演說，甚至絕食等等。[13]一旦謊言被戳破，荒謬被昭示，如「國王的新衣」這故事中的小孩叫喊：「他沒有穿衣！」這撼動人心的力量將會是巨大和長久的。

　　這就是溫和者的道德力量：一種撼動人心的說服力、一種對道德底線和價值的堅持、一種拒絕活在謊言和荒謬之中的執着。正如蘇聯時代曾力排眾議批評極權體制的小說家和歷史學家蘇辛尼津（Aleksandr Isayevich Solzhenitsyn）所說：

---

11 Vaclav Havel, "The Power of the Powerless", in *Living in Truth,* ed. Jan Vladislav (London: Faber and Faber, 1990).

12 Havel, "Politics, Morality and Civility", p.5.

13 Havel, "The Power of the Powerless", p.59.

> You can resolve to live your life with integrity. Let your credo be this: Let the lie come into the world, let it even triumph. But not through me.
>
> 你可以立志守節地活下去。讓你的信條是：任由謊言來到這個世界，甚至大獲全勝，但不是通過我。

此外，即使在一個開放的、非專制的社會中，溫和者也可發揮重要的力量。很多時，社會愈是開放，政治就愈多元化。這種多元化本身當然沒有問題。但是，如果當中的政治參與者只是黨同伐異，純粹因為對方不屬自己陣營而抹煞其言論或否定其行為，因人廢言，甚至各走極端，就會造成兩極化的局面。從公眾的角度看，他們亦只會覺得政客就是這麼的紛擾吵鬧——民主派當然支持民主、商界政黨當然維護商家利益、工會當然訴求工人權益、親政府政黨當然支持政府政策。慢慢地，公眾也懶得認真思考各黨派的理據。政治變成局內人及局外人皆處於一種疏離狀態。

溫和者可以打破這個困局。溫和者論述的出發點就只有一個：是其是，非其非。當中不涉及朋黨鬥爭、私利或權慾。在「思想市集」（marketplace of ideas）中，溫和者是以理性、良知和責任來提出自己的見解，並指出問題的核心，提醒大家不要糾纏在不相干或不重要的觀點上。這遠比政客的狹隘言論更優勝、更有分量和更具公信力。而事實上，在一個走向極端的社會中，當溫和者挺身而出，就某事情發聲，這本身就足夠讓公眾意會到該事情的重要性，亦會細心聆聽他們的意見；在此情況下，溫和者的論述是更具影響力的。

所以說，溫和者的力量不容否定。雖然在動員或組織群眾工作上，溫和者由於重說理多於鼓動別人情緒，或許比一些策略家有所不及。但溫和者的力量並非是一時三刻的情緒爆發，而是細水長流、深入人心、啟導民智的改變力量。

結語

本文嘗試從哲學和政治學角度為「溫和」正名，闡釋溫和者的理念、原則、個人操守和特質，亦討論了溫和者如何看待抗爭，以及溫和者的道德力量和論述力量。本文並未談及溫和政治路線在香港可如何走下去，亦未詳細申述溫和者對香港重大政治問題的看法。唯明白了本文各點，自不難推斷溫和者的基本看法和對策。至少，本文希望藉着這些釐清工作，能令我們撇除那些對「溫和」的誤解，唯有這樣，我們才可以進一步探討溫和政治路線在香港的發展、其可行性和可取之處。

醫療資源的分配
——只在乎效果？

陳浩文、向禮樂、徐俊傑

前言

成本效益分析（Cost-Effectiveness Analysis, CEA）是醫療經濟學上主要的分析方法，也是醫療決策者和管理者在分配醫療資源時常用的工具。按照這個方法，資源分配的最佳決定是能以最小成本帶來最大的成果。一個有名的例子是有研究發現，假如將每三年一次的帕氏抹片檢查改為每年一次，將導致每多發現一宗子宮頸癌個案的成本增至一百萬美元以上，原因是由三年一次轉為一年一次，會令成本增加兩倍，但子宮頸細胞變易沒有那麼快，在第二和第三年找到的新個案不多，所以發現新個案的成本很高。[1]雖然成本效益分析在醫療資源分配決策過程中甚為有效，但始終有其局限，例如未能考慮眾多與醫療決策有關的其他社會價值。

本文從倫理學角度評論成本效益分析的局限性。在理論上，這個分析的缺陷主要在於沒有考慮分配的公平性。再

---

1 Eddy, D.M. (1990), "Screening for Cervical Cancer", *Annals of Internal Medicine*, 113, 214–26.

者，不同人對公平的重視程度會受到文化影響，未必有一個客觀的標準。本文依據的社會調查顯示，中西社會對公平有不同程度的價值考慮，華人社會雖然都重視公平，但是程度未必及西方社會；從政策角度分析，香港醫療制度亦體現了這個價值取向。

成本效益分析的基本假設與分配中立的問題

用於醫療保健決策的成本效益分析，有以下四個基本原則[2]:

P1：無論患者的初始條件如何，等量的效益增長具有相同價值。

P2：醫療保健服務的效益增長與受益人數成正比。

P3：醫療保健服務的效益增長與服務的受益時間成正比。

P4：最理想的結果是決策能在有限預算下增加最多的總效益（最大化原則）。

成本效益分析的主要缺點是以分配中立作為其基本原則，並假設每個患者的健康受益總和將抵消其他社會價值的考量，完全沒有顧及實際效益究竟如何分配予社會上不同人

2 Nord, E. (1999), *Cost–Value Analysis in Health Care: Making Sense out of QALYs*, Cambridge: Cambridge University Press; and Ubel, P.A. (2000), *Pricing Life: Why It's Time for Health Care Rationing*, Cambridge, MA: MIT Press.

士。由於成本效益分析在分配原則上保持中立，所以依此分配醫療資源，即使符合上述的基本原則，也可能對某部分人不公平。換言之，如果我們要求公平地分配醫療資源，將可能違反這些基本原則。[3]我們將於下面逐一討論相關的倫理問題。

對慢性病患者或殘疾人士的歧視

假設病人 A 本身已患有一種慢性疾病或是一名殘疾人士，而病人 B 則沒有任何慢性疾病，亦非殘障。現在病人 A 及 B 均患上一種致命疾病，假設我們可以在以下兩種成本相同的治療方案之中任擇其一：

方案 1：拯救病人 A 的生命，但病人之前已有先天殘疾，如失明。

方案 2：拯救病人 B 的生命，並可以令他/她完全康復。

假如採取方案 1，拯救病人 A 的生命而帶來的效益增長比方案 2 少。根據成本效益分析，我們應該採取方案 2，因為在其他條件相同的情況下，它會增加較多的效益。不過，有研究顯示，當人們要決定採用哪個方案時，最普遍的回應是這兩名病人同樣值得接受治療。[4]假如病人 B 優先獲得治

3　同註 2。

4　Nord (1999).

療，很多人會認為這個決定屬於歧視。然而，這種要求平等機會的觀點似乎與最大化原則（P4）互相矛盾，因為根據最大化原則，我們應優先考慮可以帶來更多效益增長的方案 2。

嚴重疾病的倫理問題

不少人似乎特別關注患有嚴重疾病的病人。假設同樣成本的治療能為病人 X 和病人 Y 帶來相同的效益，而病人 X 的初始病況更為嚴重，在其他條件相同的情況下，許多人認為應優先治療病人 X。由此可見，病人的初始狀況似乎會影響醫療決策，這與原則 P1 不符。很多人更認為即使治療病人 X 帶來的效益較治療病人 Y 少，亦至少應給予病人 X 同等權利去接受治療。挪威醫療經濟學家 Erik Nord 的調查亦發現，假如「死亡」與「完全健康」之間可劃分成七個等級[5]，受訪者普遍認為，為嚴重病人提高兩級健康狀況在價值上等同為中度病人提高三級健康狀況，這個結果均與 P1 和 P4 相違背。

在另一項相關研究中，Peter Ubel 要求受訪者想像他們有相等機會患上疾病 A 或疾病 B[6]：

疾病A：嚴重病況，治療後可獲稍微改善。

疾病B：中度病況，治療後可獲顯著改善。

5　同註 4。

6　Ubel (2000).

假設兩種疾病的治療成本相同，受訪者要決定把較多資源用於治療其中一種疾病，或是把資源平均投放，結果顯示多數人會選擇後者。

Nord 和 Ubel 的研究顯示出人們對嚴重疾病的特別關注。在決定病人接受治療的優先次序時，人們確實會考慮某些與成本效益無關的因素，例如很多人都認為即使一些藥物的療效並不顯著，但仍應該給予愛滋病患者使用。在醫療資源有限的前提下，我們固然需要權衡成本效益與倫理關注，然而，很多人始終選擇滿足嚴重疾病患者一定程度的需要，儘管這不會達致最大的效益。

給所有人一個機會

另一個倫理問題涉及人們對平等機會的看法。很多人相信在相同條件下，不論治療的效果大小，都應給予患者同等的優先權去接受治療。[7]假設疾病 F 和疾病 G 的初始病況相同，但治療疾病 F 患者所帶來的增益比治療疾病 G 患者來得少。如果有人因此提出疾病 F 的患者應享有較低的治療優先權，卻似乎欠缺明確的理據，因為很多人往往認為相同病況的病人，不論治療效果是顯著抑或中等，都應該擁有同等接受治療的權利，但按最大化原則（P4），疾病 G 的患者應該有更高的治療優先權。

---

7 Nord (1999).

Peter Ubel 和他的同事的研究更表明人們關注能否讓每一個條件相同的病人都有治療的機會。[8] 是次研究中，受訪者要從以下兩個為低風險人士檢查結腸癌的測試中選擇其一：

測試 1：可以為所有低風險人士提供檢查，並拯救 1,000 人的生命。

測試 2：只能為一半低風險人士提供檢查，並拯救 1,100 人的生命。

研究發現，假設這兩項測試的成本相同，而政府只能負擔其中一個測試，很多受訪者情願選擇測試 1。這結果顯然違反最大化原則（P4），因為選擇測試 2 可以多拯救 100 個人的生命。然而，許多受訪者卻為了提供更多測試，讓所有都可以接受檢查而選擇測試 1。

時期及年齡的重要性

根據成本效益分析的假設 P1 和 P3，醫療保健服務的效益增長是與服務的受益時間成正比的；在不影響效益增長的情況下，可以不需要考慮病人的年齡。然而，在其他條件相同的情況下，為一位病人延長二十年壽命的價值，可能比分

8 Ubel, P.A., M.L. DeKay, J. Baron and D.A. Asch (1996), "Cost-effectiveness Analysis in a Setting of Budget Constraints: Is It Equitable?", *New England Journal of Medicine*, 334: 1174–1177.

別為兩位病人延長十年壽命的價值為低。原來，在某些情況下計算未來效益增長時，也許會打了折扣[9]，這反映了假設P3 的問題所在。再者，病人的年齡似乎亦是一個重要的因素，例如很多人認同為六十歲的人延長二十年壽命的價值，是及不上為一個十歲的小孩延長相同年數的壽命。[10]比起長者，大眾也許覺得治療年輕人是更重要的，因為愈年輕的人似乎有更大的權利享有額外的壽命。這種直覺反映了原則 P1 的問題，尤其是對年齡的忽視。

對治療成本較高的疾病的關注

根據成本效益分析，在其他條件相同的情況下，治療成本較高的疾病的優先次序應該較低。然而，單單因為大量的患者可以用較低的成本得到同樣的效益，而歧視治療成本較高疾病的患者，似有不公平之嫌。這就表明醫療成果的價值並不總是與可受益的人數成正比。例如，為一個有需要的病人進行器官移植手術的成本甚高，但很多人都不會接受把手術的資源改用於為大量病人注射感冒疫苗，即使這樣做可以拯救更多生命。此例正正表明 P2 和 P4（最大化原則）的問題所在。

9 Nord (1999) and Ubel (2000).

10 Nord (1999).

這種對治療成本較高的疾病的關注或許可以解釋一個多年前在俄勒岡州推行的計劃何以會失敗告終。當年，州政府希望擴大醫療補助計劃，以涵蓋所有在貧困線下生活的居民。這個擴展計劃若要成功，就必須把有限的預算全用於資助較高優先級別的醫療服務。在運用成本效益分析去設定初步的優先次序時，結果是出人意表的，例如闌尾切除手術的優先次序竟低於套牙冠、治療拇指吸吮及治療腰痛。[11]這個不合常理的結果之所以出現，是由於切除闌尾的手術成本高於治療一些小病，其成本效益亦較低，因而導致它的優先次序低於這些小病。

對治療成功機會較低患者的倫理關注

根據成本效益分析，成功機會較低的治療的優先次序應該較其他治療更低。然而，很多人認為這是不公平的。在 Peter Ubel 和 George Loewenstein 進行的一項研究中有一設例[12]，涉及 100 個可移植肝臟及兩組等待接受肝臟移植的患者，受訪者要決定應把多少肝臟分配給各組兒童：

11 Haldorn, David C.(1991). "The Oregon Priority-Setting Exercise: Quality of Life and Public Policy", *Hastings Center Report*, May-June, 1991.

12 Ubel, P.A. and G. Loewenstein (1996a), "Distributing Scarce Livers: The Moral Reasoning of the General Public", *Social Science and Medicine*, 42: 1049–55. See also Ubel, P.A. and G. Loewenstein (1996b), "Public Perceptions of the Importance of Prognosis in Allocating Transplantable Livers to Children", *Medical Decision Making*, 16: 234–41.

第 1 組：100 名具有存活率達 80%的兒童。

第 2 組：100 名具有存活率僅達 70%的兒童。

上述例子是眾多情境測試的其中一個版本。在其他版本中，兩組的倖存率分別改為 80 %和 50%，80%和 20%，40%和 25%，40%和 10%。在眾多版本中，分配肝臟到存活率較低的第二組都會違反最大化原則，但許多受訪者卻傾向於平等分配。即使部分受訪者寧願把優先權給予倖存率較高的組別，但是其中很多人仍然相信部分倖存率較低的兒童都應該享有一次肝臟移植的機會。因此，很少有受訪者遵循最大化原則，將所有肝臟分配到倖存率較高的組別。這項研究正正顯示出最大化原則與關注治療成功機會較低患者之間存在矛盾。

文化因素

雖然有充分的證據表明人們會嘗試平衡成本效益及公平兩種價值，但在不同文化背景下，人們願意捨棄效益的程度也不同。對於疾病嚴重程度、持續時間及其他因素的權衡方式也因文化背景的差異而有不同的展現。

我們早前討論了由Peter Ubel和他的同事進行的三項研究〔13〕，前兩項在費城進行，最後一項則在匹茲堡進行。本文作者陳浩文和他的同事分別在香港、廣州、上海和北京重複

13 Ubel (1999), Ubel et al (1996); Ubel & Loewenstein (1996a, 1996b).

這三項研究[14]，目的是比較在中國和美國不同城市的人怎樣在成本效益與公平之間取得平衡。

第一項研究是關於資源如何分配於不同種類的患者，受訪者要決定資源應如何分配於治療疾病 A 及 B：

疾病A：嚴重病況，治療後可獲稍微改善。

疾病B：中度病況，治療後可獲顯著改善。[15]

研究結果如下：

受訪者對治療的選擇取向

	受訪人數	疾病A	疾病B	平均分配予疾病A、B
費城	77	12%	13%	75%
香港*	281	17%	28%	53%
廣州	837	19%	53%	28%
上海	1050	35%	46%	19%
北京	1050	19%	57%	24%

*由於數據遺失，整體百分比不等於 100%。

---

14 是次調查採用的研究方法為結構式面談，訪談地點為香港、廣州、北京和上海的各個目標住戶家中。香港的樣本名單共有二千個由政府統計署於屋宇單位檔案庫中抽出、涵蓋了全港十八區的住戶地址（已建設地區內的永久性屋宇單位的地址）。統計署採用了等距複樣本抽樣法選取樣本。廣州、北京及上海的樣本則使用了系統抽樣、分層抽樣及間隔抽樣的方法。每個地區視為一個「層」。根據統計年鑑的人口分佈，樣本會分配到各個地區。在香港，於十八個地區抽取樣本，研究期間共走訪了 1072 戶，成功採訪其中 281 戶，回應比率為 26.2%。在北京，於八個行政區抽取樣本，走訪了 3654 戶，成功採訪其中 1050 戶，回應比率為 29.2%。在上海，於十個行政區抽取樣本，走訪了 4717 戶，成功採訪其中 1050 戶，回應比率為 23.4%，在廣州，於六個行政區抽取樣本，走訪了 922 戶，成功採訪其中 837 戶，回應比率為 90.8%。

15 Ubel (1999).

大部分費城的受訪者選擇把資源平均分配予兩組疾病的患者。雖然大多數香港的受訪者作出同樣的選擇，但相應的數字較低。較多的香港受訪者會把治療優先權給予疾病 B 的患者；在費城，把治療優先權給予疾病 A 或 B 的受訪者數目相若。在中國其他城市，即使有一定數量的受訪者選擇把資源平均分配，但大多數受訪者仍然首選治療後可獲顯著改善的中度病患者。在五個城市中，費城對嚴重疾病的關注似乎最強，而三個內地城市似乎較弱，香港則處於費城及三個內地城市之間。

至於另一研究，受訪者要在兩種測試中二選其一：

測試 1：可為所有低風險人士提供檢查，並拯救 1,000 人的生命。

測試 2：只能為一半低風險人士提供檢查，但可以拯救 1,100 人的生命。[16]

研究結果如下：

受訪者百分比

	受訪人數	測試 1	測試 2	拒絕選擇
費城	568	56%	42%	2%
香港	281	44%	55%	1%
廣州*	837	39%	60%	0%
上海*	1050	33%	63%	5%
北京	1050	44%	54%	2%

*由於數據遺失或四捨五入，整體百分比不等於 100%。

16 Ubel et al (1996).

在費城，較多受訪者選擇測試 1，但香港和三個內地城市的受訪者則多數選擇測試 2。整體而言，在香港及中國其他城市，受訪者對讓所有人得到相同機會的關注似乎較弱。

至於有關分配 100 個可移植肝臟到兩組不同存活率兒童的研究[17]，由於詳細調查結果過於複雜，就此略述而不作細表。大體上，匹茲堡最多人是選擇把肝臟移植手術的配額平分，但在香港和三個內地城市最多人選的卻是將較多的肝臟分配到具有較高存活率的組別。

整體而言，上述的研究均表明在費城、匹茲堡、香港和中國其他城市，大眾的態度表現了對公平的重視。只是，在費城和匹茲堡，成本效益和公平之間的平衡較傾向於公平，但在香港和中國其他三個城市則向效率傾斜。

成本效益分析（CEA）的主要缺陷在於它沒有考慮到社會對公平的關注。要彌補這種缺陷，必須採用一套可以體現公平價值的制度去衡量醫療成果。由於同類型的關注在不同社會可以不同的程度及形態出現，故此需進行比較研究，以下就以香港醫療制度為例，進一步闡釋一個社會如何具體地在政策上平衡公平價值與成本效益，並與其他社會的做法作個比較。

17 Ubel & Lowenstein (1996a &1996b).

藥物名冊

其實香港早已實行措施，嘗試於一個平等程度較低的情況下，平衡成本效益與公平兩種價值，而藥物名冊即屬一例。2005 年 7 月起，衛生福利及食物局和醫院管理局於公立醫院及診所實施藥物名冊。由於政府補貼了醫療服務所用的藥物之絕大部分成本，因此現時公立醫院門診每種處方藥物的收費只是港幣十元。

名冊上約有一千三百多種藥物，獲分配於公立醫院和各科門診使用。沒有納入名冊的藥物主要有下列四類：

（1）只具初步的醫療驗證的藥物；
（2）與其他可用的替代藥物相比，只具邊際效益但價格明顯高昂的藥物；
（3）生活方式藥物，例如減肥藥；
（4）藥物得到證明具有顯著療效，但價錢非常昂貴，超出醫院管理局的資助服務範圍。

或者大多數人都同意將上述頭三類藥物劃出藥物名冊之外。不過，有些人可能認為第四類藥物不應排除在外。我們先看看醫管局將第四類藥物不納入名冊的理據：

> 利用經證實有顯著療效但極度昂貴的藥物治療一名病人的資源，可為更大數目的病人提供有效治療。例如，一名服用Glivec病人的每年藥費便相等於每年數百到千名患高血壓或糖尿病病人的藥物開

> 支。鑑於善用有限的公共資源及為最多有需要的病人提供治療的必要性，在目標補助的原則下，需要這類昂貴藥物治療而又有經濟能力的病人，應自付費用。因此，這類藥物並不包括在公立醫院及診所的標準收費內。[18]

由此可見，藥物名冊只是遵循成本效益原則，至於治療成本較高的疾病的倫理問題，則不在考慮之列。如前所述，根據成本效益分析，假設其他條件相同，我們不應優先醫治一名患有治療成本較高疾病的病人，因為我們可以使用相同的資源，醫治多位患有治療成本較低疾病的病人，從而使更多患者受益。不過，很多人可能會覺得這種想法並不公平，是歧視患有治療成本較高的疾病的病人。但是，香港市民不大反對這種限制使用具顯著療效但價錢昂貴的藥物的政策，況且，貧困的病人也可以經入息審查後，根據個別財政狀況而得到部分藥物開支的資助。這個例子再次證明，當成本效益與公平兩種價值互相矛盾時，香港社會較少重視後者。

香港醫療系統

上述的傾向還可體現於香港的醫療體系。在以前的殖民政府管治下，本地公營醫療系統跟一個「國家醫療服務」

---

18 Hospital Authority (2005), "Introduction of a Standard Drug Formulary in Hospital Authority", available at: http://www.hkapi.hk/12.htm (accessed 6 April 2005).

（national health service）十分相似。換言之，政府為國民提供廣泛的醫療服務。[19]九十年代之後，因公共財政能否永續的問題，導致醫療系統的種種改變與革新。1997年11月，衛生福利局委託哈佛大學專家小組全面評估香港醫療制度，並就如何改善醫療融資及服務提出建議。[20]根據這份報告，現時醫療系統的成績有目共睹，香港政府不論病者是貧是富，盡力確保每人都能獲得基本及適當的治療；財政預算亦有相當部分用於醫療的撥款，也建立了一個相對公平的醫療系統。此外，於1990年成立的醫院管理局也不斷改善若干特定服務的質素並提高效率。假如將成本效益視為「付出相同資源而達致更佳的健康結果」，香港醫療系統最為人稱道的，是其成本效益高於很多發達國家。香港的健康指數其實毫不遜色，例如在2015年，香港的嬰兒夭折率為每千名登記活產嬰兒有1.3人，出生時平均預期男女壽命分別為81.2歲及87.3歲。[21]

根據醫療改革諮詢文件，公營系統主要負責提供第二層及第三層醫療服務，而不是基層的治療服務。以2006/07年為例，香港公營醫療的補貼水平屬多個國家及地區中最高

---

19 Cheung, A. and X. Gu (2003), "Health Finance", in L. Wong, L. White and S. Gui, Eds, *Social Policy Reform in Hong Kong and Shanghai: A Tale of Two Cities* (pp.23-53), New York: M.E. Sharpe.

20 Harvard Team (1999), *Improving Hong Kong's Health Care System: Why and For Whom?*, Hong Kong: Health and Welfare Bureau.

21 衛生防護中心（2016），「生命統計數字」，http://www.chp.gov.hk/tc/vital/10/27.html（瀏覽日期：7 September 2016）。

的，政府資助住院服務的總成本達 97%，而對門診服務的補助則佔所有成本的 82.7%。[22]目前，公立醫院住院服務收費每天為港幣一百二十元，門診收費每次是一百五十元；而 2015 年第三季度的家庭入息中位數及每月個人入息中位數，分別為二萬五千元及一萬四千四百元。由此觀之，公營醫院的住院及門診收費其實不算高昂。[23]私營醫療的收費則是由用者自付及私人保險支付。全港九成住院服務是由公立醫院提供，大部分門診服務則由私家醫生負責，佔了 70%。[24]

值得注意的是，相較其他「經合組織」（Organisation for Economic Co-operation and Development）成員國，香港用於醫療的開支佔本地生產總值的百分比不算特別高。以 2012 至 2013 年度為例，醫療衛生的總開支僅佔本地生產總值的 5.4%，其中 47.6% 是用於公營醫療。換言之，用於公營醫療的開支其實只佔本地生產總值的 2.6%，低於大多數經合組織成員國的相關數字。用於私營醫療的開支佔去本地生產總值 2.8%，略高於公共醫療。

---

22 食物及衛生局（2008），《醫療改革諮詢文件》，http://www.fhb.gov.hk/beStrong/files/consultation/Condochealth_full_chn.pdf（瀏覽日期：7 September 2016）。

23 政府統計處（2015），《綜合住戶統計調查按季統計報告》，http://www.statistics.gov.hk/pub/B10500012015QQ03B0100.pdf。

24 醫療保障計劃小組委員會（2012），《醫療保障計劃小組委員會向 2012 年 7 月 10 日衛生事務委員會提交報告》，http://www.legco.gov.hk/yr11-12/chinese/panels/hs/hs_hps/reports/hs_hpscb2-2527-c.pdf（瀏覽日期：7 September 2016）。

上述數據雖然足以證明香港公共醫療系統極具效率，但它卻不如許多經合組織成員國那樣平等。香港醫療政策的基本原則，只是確保市民不會因為經濟困難而無法獲得適當的醫療服務。[25]

結論

成本效益是制定公共政策時要考慮的社會價值，但亦要顧及有限資源分配的公平性。以上對醫療資源分配的研究顯示，公平在不同地區都被視為一個必須要考慮的價值，但是由於文化差異，中西社會對公平的重視程度會有所不同，華人社會雖然重視公平，但程度未必及得上西方，而香港的醫療制度亦彰顯此特色。

25 Hong Kong Government (1974), *White Paper on the Further Development of Medical and Health Services in Hong Kong*, Hong Kong: Government Printer.

環境保護
——以誰為本？

李心文

簡介

近年來，隨着經濟發展和工業化，人類的各種經濟活動，對自然環境產生相當巨大的影響。過去歐美國家在工業化的發展過程中，曾經造成不少環境污染。近年來，伴隨着中國經濟的迅速成長，也產生各種污染，以及所謂「癌症村」。[1]非洲許多國家也因為焚燒電子垃圾，而造成嚴重的環境污染，對當地貧窮居民產生嚴重的影響。現代都市生活中大量冷氣空調、汽車、工廠排放的廢氣、廢水，一般人日常生活中產生的各種垃圾等，都對我們的生活環境造成嚴重的影響。[2]人類經濟的迅速發展，導致氣候的變遷，環境保護也成為近年全球熱門的議題。

---

1 http://baike.baidu.com/view/10155803.htm

2 "Agbogbloshie: The World's Largest E-waste Dump – In Pictures", 27 February 2014, http://www.theguardian.com/environment/gallery/2014/feb/27/agbogbloshie-worlds-largest-e-waste-dump-in-pictures

另一方面，環保政策與經濟發展之間似乎存在某種緊張的關係——環保措施，如資源回收、開發與再利用、工廠廢氣、廢水的處理，對於一般企業來說，是企業的一種「成本」，一項負擔。由於企業的主要目的之一，是將利潤最大化，因此降低成本是極為重要的考量。環保政策需要企業提高成本，將生產過程中的各種副產品回收，或者以安全、不造成污染的方式棄置，就企業將利潤最大化的角度來說，環保回收措施對企業是一種負面的因素。那麼，為甚麼還要做環保呢？我們是否有責任、義務去保護環境？保護環境的目的是甚麼？是為了人類的利益？還是為了環境本身？

要知道答案，我們得先了解環保政策所追求的終極目標。本文將介紹現有文獻中，關於環保政策目標的幾種看法。以下，我先簡短地介紹相關的哲學概念；繼而，我會分別介紹兩大類關於環保政策的理論——「以人類為中心的理論」（Anthropocentrism）與「非以人類為中心的理論」（Nonanthropocentrism），並比較這兩個理論所支持的環保政策目標。最後，我會介紹一些支持環保政策的大原則，是這兩個理論的支持者都可以接受的。

相關哲學概念簡介

要知道為甚麼要保護環境，或是政府應該要採取哪一項環保政策，我們得先知道，環保政策的目標是甚麼，以及這些政策要維護的價值。在介紹環保政策所追求的價值之前，我們可以先分辨兩種不同的價值，這將會有助於我們理解各種環境倫理學理論所追求的價值。任何事物，都可能有下面兩種價值：

一、兩種價值

（1）**本質性價值**（intrinsic value）：一樣事物本身就具有的價值，即使它無法為我們帶來其他的價值。比方，許多人認為，身體健康、友誼、親情、知識、理想的實現，都是本身就具有價值的事物；即使我們並沒有因為身體健康、友誼或親情而得到其他的好處，我們仍然覺得這些東西很珍貴。

（2）**工具性價值**（instrumental value）：如果一樣事物能幫助我們得到其他種類的價值，那麼，它就具有工具性價值。比方，金錢可以幫助我們得到其他有價值的事物，像是食物、衣服、房子等；而這些事物，又可以幫助我們追求人生中其他更重要的東西——如健康、幸福的家庭、知識、自我實現等。

我們可以參考另一種說法，用來了解本質與工具性價值之間的差異。本質性價值常用來指稱我們的「目的」，而工具性價值通常被用來指稱我們的「手段」。理性的人追求的事物，也就是他們的目的，通常是一種本質上就有價值的東西，而不是只有工具性價值卻缺乏本質性價值的事物。比方，我們想要賺更多錢，是因為金錢可以讓我們得到其他更重要的東西——如健康、知識等，而不是因為金錢本身有甚麼價值。如果金錢無法幫助我們得到那些本質上就有價值的東西，那麼它們的價值就和一般的紙張一樣。另外，值得注意的是，有一些具有本質性價值的事物，也同時具有工具性價值。但是，並非所有具有工具性價值的事物，都具有本質性價值。

那麼環境呢？環境如果有本質性的價值，我們就有理由去保護環境，即使這並不會為我們帶來其他任何價值。相反，如果我們認為自然環境本身並沒有價值，而只是我們人類追求某些目的的手段——如經濟發展、休閒娛樂等，那麼，我們就應該釐清這些價值，然後再來討論如何維護環境。這兩種價值觀念，會對環保政策有重大的影響——如果我們是為了環境本身而保護環境，那麼當經濟發展受到環保政策的影響時，我們仍然應持續保護環境。相反，如果環境本身只有工具性價值，我們只是為了保護人類的利益而維護環境，那麼當環保政策影響人類利益時，我們就應該選擇放棄環保，而以維護人類利益的政策為優先。

二、環境政策所追求的價值

「以人類為中心的理論」主張，只有人類具有本質性價值。人類在自然環境中，享有其他各種事物所缺乏的特殊道德地位。在制訂環境政策時，我們只需要考量各種政策對於人類利益的影響，而不需要考慮這些政策對於地球的其他成員，例如動物、植物或自然環境的影響。因此，我們要不要環保，就得看環保所需要的行動，是不是能夠保護人類的利益。如果環保能夠保護人類的利益，那麼，我們就應該環保。如果這些行為無法保護人類利益，那麼我們就不需要環保。萬一環保活動會損害到人類利益，那麼我們就不應該從事相關的活動。

「非以人類為中心的理論」則主張，除了人類之外，有一些非人類的其他事物，如動物、植物或是自然環境等，也具有本質性的價值。因此，在選擇環境政策時，我們除了評估該政策對於人類的影響之外，也必須考慮對於這些事物的影響。有些人認為，我們只須將道德考量延伸到動物，有些則認為也應該考量對植物的影響，另外還有一些人認為我們不應該只思考政策對人類或動植物的影響，也應該思考政策對自然環境整體的影響。

這兩種理論對於環保的目的有不同的看法。因此，它們對於經濟與環保政策的選擇，也會有不同的見解。下面兩節裏，我會介紹這兩種理論。

以人類為中心的理論

以人類為中心的理論主張，只有人類才具有本質性的價值。這些學者中，有一些人也承認，其他種類的存在物，也可能會有本質性的價值。儘管如此，人類的價值與利益比其他存在物更為重要。

以人類為中心的理論認為，那些不以人類為中心的理論，至少會有兩個嚴重的問題：不合邏輯以及不可行。R. D. Guthrie認為，不以人類為中心的理論必然把人類之外的某些存在物視為有道德地位的事物。但是，另一方面，這些非人類的存在物，卻又無法為自己的行為負起道德責任——肉食動物並沒有辦法選擇牠們要不要繼續食用其他動物。對於這兩個命題的信念，產生了所謂的「史懷哲的難題」（Schweitzer's dilemma）。史懷哲主張，各種生物個體皆擁有道德地位；因此，我們應該要盡量避免傷害各種生物，或是造成牠們的死亡。也就是說，如果我們接受史懷哲這種「尊重生命」的哲學（reverence for life），那麼，我們就應該關懷所有生物所遭受的痛苦與不快，因為這些痛苦、不快，都違反了尊重生命的哲學。然而，如果我們也必須要尊重其他非人類的生物，那麼，我們是否也必須把野生生物界裏，種種弱肉強食的動作，視為道德上錯誤的行為？我們是不是應該去防止肉食動物的掠食行為？這樣的想法對肉食動物真的好嗎？Guthrie認為像「尊重生命哲學」這一類非以人類為中心的理論，都明顯不合邏輯。

此外，由於我們無法確切區分哪些生物應該接受哪些道德規則的評量——病毒的活動是否合乎道德？受過訓練的狗、猴子、海豚的行為，是否能夠受道德評價？不同能力的動物，如人類與黑猩猩，是否應該受到相同的道德標準的評量？如何區分適用於不同生物的道德標準？我們是否需要為不同的物種制訂不同的道德準則？因此，任何不是以人類為中心的理論，都缺乏可行性。基於上述兩項原因，以人類為中心的理論，或是所謂的物種主義（speciesism），[3]都應該被合理接受。

有些人會質疑，如果人類具有唯一或最高的道德地位的話，那麼是不是表示我們就可以消滅任何對人類不利或有害的其他物種，比方某些致命的細菌呢？在回答這個問題時，一個以人類為中心的理論，會思考的問題是:「這個物種的存在，是否可能會在某些情況下對人類有利？」也許我們可以把這些細菌安全地保存在實驗室裏，也許有一天人類可以利用它們做出某些救治人類疾病的藥物。那就沒有消滅這些細菌的必要，為了人類的利益，我們甚至應該把它們保存下來。

雖然以人類為中心的理論，都認同我們應該優先考量人類的利益，但是不同的理論家對於人類的利益是甚麼，則持有不同的看法。我們可以把以人類為中心的理論，再仔細區分成兩種：一種認為人類的利益可以完全透過經濟效益來衡量，另一種則認為人類的利益不只局限於經濟利益。

一、以經濟效益為主的人類中心理論（Economic Anthropocentrism）

以經濟效益為主的人類中心理論認為，我們可以透過金錢來衡量所有事物的價值。藉由精確計算各種政策所可能產生的正、負面經濟價值，我們可以了解各種政策的利弊，並據此找出正確的政策——也就是那個帶來最高經濟效益的政策。因此，以經濟效益為主的人類中心理論，又可以稱為

3 物種主義是指一樣事物的道德地位，與其所屬的物種有關。一個類似的概念是種族主義，是指一個人的道德地位，與他/她的種族有關。

「成本效益理論」（Cost-Benefit Analysis）。在選擇任何社會政策，包括環保政策時，我們只需要評估該政策的成本效益，效益最高者，即是正確的公共政策。

有些學者認為，單靠成本效益理論來評估社會政策，會有某些嚴重的缺陷。比方，保護自然環境可能會需要我們限制自然環境的開發。但是，自然環境在尚未開發的情況下，並無法產生高效益的經濟活動。換句話說，美好的自然環境本身並不會讓我們賺取到任何金錢。相反，若是將自然環境「開發」，成為工廠、商場、金融中心等，則會為社會帶來相當龐大的經濟利益。舉一個實際的例子，在美國加州聖塔芭芭拉（Santa Barbara）海岸，有豐富的天然石油氣資源。若不開發，在原來的自然環境下所能帶來的經濟利益，如觀光旅遊、餐飲休閒等，十分有限。反之，若於海岸旁架設開採石油的設備，則會帶來相當可觀的經濟利益。也就是說，以經濟成長的角度來看，開採石油才是正確的政策，維護原來的自然環境卻是錯誤的政策。當政府在1969年決定開採石油後，開採設備出現問題，發生石油滲入海面，是美國史上最嚴重的海洋生態污染之一，造成大量海洋生物的大規模死亡。〔4〕

另外，在設廠時，資本家為了降低生產成本，常會想辦法避免在消防、環保設備上的支出。就是這樣的成本效益分

4 http://aoghs.org/offshore-oil-and-gas-history/santa-barbara-oil-spill-and-seeps/

析，產生了人類歷史上最嚴重的工業毒氣排放。在1984年12月，美國的Union Carbide India Limited（UCIL）公司，在印度Bhopal設立的化工廠，發生化學爆炸。根據官方統計，有3,787人死亡，558,125人受傷，至今土地和水源的污染仍然沒有清理乾淨，當地植物由於土地與水資源的污染，以致農作物有毒無法食用，而居民由於必須飲用當地的水，各種因毒害而產生的疾病，如癌症、不孕症、呼吸道疾病、孕婦流產、新生兒畸形等，至今仍然十分普遍。

儘管如此，仍然有不少重視經濟發展的專家學者認為，為了人類社會經濟的發展，我們應該支持，並且忍受最高程度的環境污染。比方，世界銀行的首席經濟學家Lawrence Summers曾經說過：「人口密度低的非洲國家被污染得還不夠。」[5] Summers的想法大概是，環境污染與經濟發展有正向的關係；因此，環境被污染，就是人類經濟發展的一種表現。

許多經濟學家都認為，我們不應該只透過成本效益分析，來決定公共政策的可欲性。諾貝爾經濟學獎得主Amartya Sen，在1979年發表了一篇論文，叫「發展的概念」（The Concept of Development）。在這篇論文裏，他指出，很多人認為經濟成長（economic growth），如國內生產總額（Gross National Product）的提高，便是經濟發展（economic

5　原文如下：“I've always thought that under-populated countries in Africa are vastly UNDER-polluted.” http://www.whirledbank.org/ourwords/summers.html

development）的表現。Sen 指出，經濟發展的目的，是為了要讓人類的生活過得更好。因此，經濟是否有在朝正面的發展，得看人類生活是不是過得更好，而不是只看經濟是否有成長。他舉了一個簡單的例子，在六十年代的時候，雖然南非的國內生產總額是中國的七倍，但是南非人當時的平均壽命，卻比中國人的壽命少了十五年以上。顯然，這樣的經濟成長，不一定對南非人的生活品質有實質的幫助。當然，這只是一個很簡化的分析，但是 Sen 要表達的重點是，只用經濟成長來判斷發展，是一種本末倒置的思考，而沒有考量到經濟成長追求的目的到底是甚麼。針對盲目追求經濟成長的政策，Sen 提出了幾點批評，其中一點就是指出這樣的評量方法，完全忽略了那些在市場上面沒有標價的東西。把 Sen 的說法放到環保政策的脈絡下，我們可以看到，由於乾淨的空氣、水、自然環境，在市場上無法賣錢，因此，在成本效益的計算上，它們的價值可能是零。對環保不利的政策，如允許工廠排放廢水等，卻可能產生非常高的經濟價值。甚至，蓋了工廠後，不止工廠裏的產品可以賣錢，如果工廠排放廢水、廢氣，造成環境污染，甚至使附近居民得到各種疾病、癌症，這些反而更能帶來經濟效益——因為人們必須花錢去買藥、看病等。由於以經濟效益為主的人類中心理論，會推論出上述的違反常理的看法，因此，許多學者都認為我們應該放棄以經濟效益為主的人類中心理論。

二、非以經濟效益為主的人類中心理論
（Noneconomic Anthropocentrism）

非以經濟效益為主的人類中心理論主張，自然環境，除了能夠為人類帶來經濟的價值之外，本身也可能有其他種類的價值——如美學的價值（aesthetic values），自然環境也可能是國家的文化遺產（national heritage），對人類的心靈也可能會有轉化的價值（transformative values），而這些價值都無法約化為經濟利益。除了金錢以外，這些不同種類的價值都對人類的生活非常重要。因此，在制訂環保政策時，我們除了考慮各種政策對人類經濟生活的影響外，也應該考量人類生活中其他種類的重要價值。

非以經濟為主的人類中心理論，雖然仍然以人類的利益、價值為最高原則——在制訂政策時，以人類的利益作為優先考量，而沒有重視政策對於各種生物、環境的影響，但是，這樣的政策仍然可能視環保為一種對人類有利的、正面的選項。這個理論認為，人類的利益不是局限於經濟利益，還包括其他面向的發展，包括生理、心理、文化、歷史等人文價值，因此也考慮了Sen 所說的那些「沒有標價」、但是對人類生活品質有益的各種多元價值。

非以經濟為主的人類中心理論，仍然主張人類有最高的道德地位；其他事物是否有價值，必須看它們是否能促進人類生活的品質與進步。換句話說，動物、植物、山川、河流、整個大自然，如果能夠有益於人類生活，它們也就有價值。若對人類生活沒有貢獻，它們也就沒有價值。非以經濟

為主的人類中心理論可分為以下兩種：

1. 二元的人類中心理論（Dualistic Anthropocentrism）

人類與自然環境是分開的，世界上的自然資源無限，人類可以無限制地開發自然環境。只有人類才有本質性的價值，而人類與其他自然環境中的事物大不相同，人類不能算是自然的一部分。在發展的模式上，二元的人類中心理論支持傳統的發展模式，主張既然人類與自然是分開的、自然資源是無限的，我們便不需要擔心自然環境被損害，也不需要特別去保護自然環境。

2. 整體的人類中心理論（Holistic Anthropocentrism）

人類與自然環境雖然是分開的，但也是互相依賴的（interdependent）。雖然只有人類有本質性的價值，但是人類的生存與自然環境的保護息息相關。人類是自然環境中的一部分，人類的福祉依賴良好的自然環境。在發展的模式上，整體的人類中心理論支持所謂的永續發展模式（sustainable development）。值得注意的是，在環保政策上，永續發展模式要求政策必須以追求人類社會的永續發展為目標，考慮其效率以及對人類社會長期的影響，因此也會要求我們考慮到政策對於未來世代（future generation）的影響。

不以經濟為主的人類中心理論，支持四項道德原則[6]：

---

6 Mikael Stenmark. *Environmental Ethics and Policy Making*, Aldershot, England: Ashgate, 2002, p.27.

（1）**人類的優先性原則（The Principle of Human Superiority）**：在政策的選擇上，我們應該優先考量人類的利益。

（2）**視自然環境為資源的原則（The Principle of Nature as a Resource）**：自然環境、資源的價值，是看它們對人類價值的貢獻。它們是人類的資源，本身缺乏價值。

（3）**相同世代之間的正義原則（The Principle of Intra-generational Justice）**：生活在相同時代的人類之間，在自然資源的分配、使用上，應該遵守公平正義的原則。

（4）**不同世代之間的正義原則（The Principle of Inter-generational Justice）**：不同世代的人類，也必須遵守自然資源使用的公平分配原則。

非以人類為中心的理論

上一節裏，我們認識到以人類為中心理論的主要概念、兩種理論類型，以及四個原則。在這一節，我們會討論非以人類為中心的理論。非以人類為中心的理論主張，除了人類之外，某些動物、植物或自然環境，也具有本質性的價值。因此，當我們在制訂環境保護政策時，這些非人類、但卻又具有本質性價值的事物的保存，還有它們的利益，也應該被考量。著名的非人類中心主義者Aldo Leopold 主張，任何行為的道德價值，決定於該行為是否能有助於保存整個生物社群的完整性、穩定性，以及美態。非以人類為中心的理論，可以區分為兩大類：第一類是「生物中心理論」

（Biocentrism），第二類是「環境中心理論」（Ecocentrism）。

一、生物中心理論（Biocentrism）

在人類文明的發展和進步過程中，歷經不少弱勢群體爭取解放的運動——從最早的階級制度開始，人類社會逐漸將道德範圍擴大。過去，社會中關注的重點是中產階級、男性、白人的權利。後來社會上將同樣的道德關注擴大到女性、有色人種等。當道德權的保護擴張到女性、有色人種時，我們認為，道德關注的對象範圍擴大，是一種道德進步的表現。有些哲學家，如Peter Singer 與Tom Regan認為，道德關懷應該要再擴大到包括動物。社會政策、環保政策，都應該要保護人類與動物的權利。根據這一類說法，道德考量不止適用於人類，也適用於任何有生命的動物。這個理論，我們稱為「生物中心論」（Biocentrism）。這個理論支持，凡是有生命、「活着」（living）的東西，都具有本質性價值，因此也都擁有道德地位。而沒有生命的事物，如土地、水資源、空氣或是整個環境系統，本身都沒有價值，因此也不是道德考量關注的重點。

就生物中心論而言，在決定個人行為或環境政策時，不能只考慮對現在與將來人類的影響，而是應該全盤考量對現存與將來生物的影響。Paul Taylor 認為，行為的對錯或品格好壞，都取決於它們是否能體現出一種他稱為「尊重自然」（respect for nature）的終極道德態度。[7]也許有人會質疑：如果有生命的生物都有道德地位的話，那麼，我們是否也應該要維護非人類的生物（如動物、植物，甚至是細菌）的權利？針對這個問題，生物中心論者認為，重點不在於為任何生物要求某些形式上的權利，而是我們應該要想辦法維護有利於這些生物生存的條件。也就是說，如果一項公共工程會影響、甚至威脅到某些物種的生存環境時，我們就應該重視這個物種的生存權，而採用其他替代方案。

生物中心論主張，人類與其他生物一樣，是全球生物社群中的一員。所有人類與生物互相依賴。個別生物的存活不光只靠他身邊的環境，也依賴他與環境之間的關係。所有生物都是一個生命的中心，能夠追求對自身有利的事物。人類的道德地位，並沒有比其他生物重要。因此，我們也不需要特別重視人類的利益，或給予其特別的待遇，我們應該遵守物種平等原則（the principle of species-impartiality）。

生物中心論支持下面幾項道德原則：

（1）**不傷害原則**（non-maleficence）：我們有義務不要傷害其他生物。

（2）**不干擾原則**（non-interference）：我們有義務不要限制或侵害其他生物的自由。

（3）**忠實的義務**（fidelity）：我們有義務不要欺騙野生動物，或是利用牠們對人類的信任而設陷阱誘捕牠們。

---

7 原文如下：“Actions are right and character traits are morally good in virtue of their expressing or embodying a certain ultimate moral attitude, which I call respect for nature.”

（4）**彌補過錯的義務**（restitutive justice）：人類行為若是對生物產生不道德的傷害，那麼，人類就有義務要補償受到損害的生物。

此外，當人類的利益與其他物種有衝突時，我們可以做出符合正當防衛原則（principle of self-defense）的行為，來保護自身的利益。然而，我們的自我防衛行為，必須符合比例原則（proportionality），並且想辦法降低傷害（principle of minimum wrong）。

二、環境中心理論（Ecocentrism）

環境中心理論主張，除了人類之外，物種（species）、生態系統（ecosystems）、土地（land），以及生物社群（biotic community）等，都有本質性的價值，也具有道德地位。換句話說，人類社會對它們也應該負起某些道德義務。環境中心理論最著名的支持者要算是Aldo Leopold。他認為，土地不只是土壤，還是能量的來源。他主張，凡是有益於保存整個生物社群的完整、穩定與美態的行為，就是好的行為；而那些會破壞生物社群的完整、穩定以及美態的任何行為，都是錯誤的行為。

對環境中心理論來說，重要的不是自然環境中個別個體的生存，而是整個物種的存續。因此，一個物種整體的存續，會比該物種中個別生物的生存還重要。因此，每個個別生物的價值，依賴於其所屬的物種在整個生態體系裏面的價值。

對環境中心理論來說，人類只是自然環境中的一員，而非自然環境中的征服者。整體來說，人類的生活方式，對於整個自然生態體系的影響，是傾向於負面的。由於人類存在的價值，是要看人類對於整個生態體系的貢獻。因此，對整個生態體系來說，瀕臨絕種的動物會比人類的生命來得重要。

我們可以進一步區分三種環境中心理論：

（1）**極端的環境中心理論**（Radical Ecocentrism）：只有生態環境整體才具有本質性的價值；其他生態環境中的個體，並沒有本質性的價值。個體的價值，依賴於它對於生態環境整體存續的貢獻。對整體的保存愈有貢獻的，就愈有價值；對整體的保存愈沒貢獻的，就愈沒有價值。

（2）**強的環境中心理論**（Strong Ecocentrism）：要判定一項環保政策是不是合乎道德的要求，要看這個政策是不是能夠促進整個生物社群的利益。

（3）**弱的環境中心理論**（Weak Ecocentrism）：要知道一項環保政策是不是合乎道德的要求，我們須要考察的問題之一，是該政策是不是能夠促進整個生物社群的利益。

環境中心理論會支持下面的道德原則：我們必須保護野生動物以及原始環境，讓原始未開發的自然環境繼續保存下去。如果有某些物種的生存空間受到影響，我們也應該改造當地自然環境，以讓這些瀕臨絕跡的物種能享有適當的生存空間。另外，萬一有任何自然環境遭受到人為的破壞，我們必須想辦法恢復當地的自然環境。我們沒有義務要去減低自然生態中本來就自然會產生的痛苦（如老虎獵食羚羊等等），但是我們有義務不要去造成自然界中各種生物的痛苦，我們也有義務不要對其他生物造成不必要的傷害。

兩大理論的政策目標比較

在進入下一節之前，我先簡短地介紹兩大理論——「以人類為中心的理論」與「非以人類為中心的理論」——所選擇的政策目標及價值。以人類為中心的理論認為，環保政策所要追求的目標，是要保存自然資源，文獻裏稱這種觀念為環境的「維持主義」(Conservationism)。不以人類為中心的理論認為，環保政策所要追求的目標，是要保護自然環境本身，這種觀念被稱為環境的「保護主義」(Preservationism)。

環境的維持主義主張，環保的目的是為了保存自然資源、避免耗盡資源，以確保未來人類的子子孫孫，仍然能夠有足夠的資源，像是石油、天然氣等皆可以享用。因此，在制訂環保政策時，我們要考慮的是怎樣能夠最有效率地使用自然資源，或是如何能長遠地維持自然資源的再生與利用，而不會耗盡這些資源，造成未來世代的人類沒有自然資源可以享用。這樣的環保政策理論，重視人類社會、經濟的「永續發展」(sustainable development)。維持主義仍然是一種以人類為中心的理論，環保為的是要保障人類長期的經濟發展，而不是為了保護自然環境。

環境的保護主義者則持不同意見。他們認為，不管是現在還是未來，我們都應該避免去使用或消耗自然資源。環保政策的目的不是要想辦法保護現在或未來人類的利益，或保護經濟的永續發展，而是要保護完整的自然環境。這樣的理論並非以人類利益為中心。保護主義者認為，當今世界上各種環境問題、災難的根源，就是來自以人類為中心的思想。David Ehrenfeld 指出，任何一個以人類為中心的價值體系都不可能真正保護環境。維持主義者要的是保護人類的利益——如果傷害自然環境可以保護人類的利益，維持主義者就沒有理由要維持自然環境了。相反的，保護主義者則認為，我們必須防止人類侵害自然環境。環保政策的目的不應該是想辦法更有效地利用資源，而是想辦法讓人們學習尊重自然的態度。

Mikael Stenmark 認為，如果公共政策的重心總是圍繞着人類利益的話，那麼，我們就難以保護大自然的完整性。因此，我們應該放棄以人類為中心的環保政策，而支持非以人類為中心的環保政策。

妥協的可能性

以人類為中心的環保理論與非以人類為中心的環保理論之間，必然存在衝突嗎？美國哲學家 James Sterba 不同意這種看法。Sterba 認為，雖然以人類為中心與非以人類為中心的理論對環保政策的終極目標有極為不同的看法，但是，這兩類環境倫理學理論，在實際公共政策的選擇與執行上，並不會產生嚴重的衝突。在選擇環境政策的大原則、大方向上，這兩個理論甚至可以達成相當高層次的共識。比方，Sterba指出兩種理論都可以同意下面的幾項原則：

（1）**人類的自我保護原則**（Principle of Human Defense）：儘管我們應該平等看待所有物種，當其他物種威脅到人類的生命時，人類仍然可以採取必要的手段來保護自己的生命，就算這些手段會危害到其他物種的生存。

（2）**人類的保存原則**（Principle of Human Preservation）：當人類的基本需要無法得到滿足，像是當一個人的生命或健康受到威脅的情況下，我們可以允許某些傷害到其他生物重要利益的事情。

（3）**比例原則**（Principle of Disproportionality）：如果人類傷害其他生物的行為，只是為了要滿足某些非基本的需要，那麼，這些行為是不被允許的。

（4）**個人與整體的選擇原則**（Individualism and Holism）：當個人的基本需求匱乏時，個人優先的態度是可以被允許的。但是，當個體的基本需要已經被滿足時，就不應該再採取個人主義的態度。

結論

在這篇文章裏，我介紹了兩種對環境保護政策目標的看法，包括以人類為中心的理論，以及非以人類為中心的理論。在最後一節裏，我也介紹了兩種理論可能達成的共識。值得注意的是，不管我們對於自然環境的價值持有甚麼看法，或者是否認為人類在自然界中享有特殊的道德地位，我們都可以同意，維護美好的自然環境，是非常重要的。人類社會應該開始保護我們的環境，開始重視環保。

參考資料

Des Jardins, Joseph R. *Environmental Ethics: An Introduction to Environmental Philosophy*, 4th edition, Belmont, CA: Wadsworth, 2006.

Devall, Bill and Sessions, George."Deep Ecology," in *Earth Ethics: Environmental Ethics, Animal Rights, and Practical Applications*, James Sterba (ed.), Englewoods Cliffs, NJ: Prentice Hall, 1995, pp.157-165.

Ehrenfeld, David. *The Arrogance of Humanism*. New York: Oxford University Press, 1978.

Guthrie, R. D. "Anthropocentrism," in *Earth Ethics: Environmental Ethics, Animal Rights, and Practical Applications*, Reprinted in James P. Sterba (ed.), Englewoods Cliffs, NJ: Prentice Hall, 1995.

Leopold, Aldo. "The Land Ethic," in *Earth Ethics: Environmental Ethics, Animal Rights, and Practical Applications*, reprinted in James Sterba (ed.), Englewoods Cliffs, NJ: Prentice Hall, 1995, pp.147-156.

Sen, Amartya, "The Concept of Development," in *Handbook of Development Economics. Volume 1*, Hollis Chenery and T. N. Srinivasan (eds), Amsterdam: Elsevier Science Publishers B. V., 1988, pp.9-26.

Stenmark, Mikael, *Environmental Ethics and Policy Making*, Aldershot, England: Ashgate, 2002, pp.57-102.

Sterba, James P. *Earth Ethics: Environmental Ethics, Animal Rights, and Practical Applications*, Englewood Cliffs, New Jersey: Prentice Hall, 1997.

Sterba, James P. "From Anthropocentrism to Nonanthropocentrism," in

Justice for Here and Now, Cambridge: Cambridge University Press, 1998, pp.125-150.

Wenz, Peter. *Environmental Ethics Today*, NY: Oxford University Press, 2001.

貧富懸殊
——有何不可？

余錦波

問題的提出

根據歷年來的統計數字，香港貧富懸殊的程度愈來愈嚴重。量度入息分配平均程度的堅尼系數（Gini coefficient），由 1971 年的 0.43、1981 年的 0.45，持續上升至 1991 年的 0.48，2006 年更達到 0.533。雖然在這三四十年內窮人的生活也可算是有所改善，但貧與富的差距卻越來越大。[1]

以上是縱觀，我們再來橫看。與外國相比，香港貧富懸殊比美國更嚴重，量度貧富差距的堅尼系數超過美國，其貧富差距更是亞洲第一。[2]

更進一步環視全世界。貧富懸殊，其實是一個全球性

---

1 *2006 Population By-census: Thematic Report – Household Income Distribution in Hong Kong*, Hong Kong: Census and Statistics Department, 2007, p.14.

2 UN-HABITAT, *State of the World's Cities 2008/2009: Harmonious Cities*, London: Earthscan, 2008, pp.64,74.轉引自Stephen Wing-kai Chiu and Siu-lun Wong (eds.), *Hong Kong Divided: Structures of Social Inequality in the Twenty-First Century*, Hong Kong: Hong Kong Institute of Asia-Pacific Studies, The Chinese University of Hong Kong, 2011, p.1.

的問題。　聯合國的 UNDP（United Nations Development Programme）指出，最富有的五分一與最貧窮的五分一，收入的差距愈來愈大，由 1960 年的 30 比 1，增至 1997 年的 74 比 1。聯合國的 *Human Development Report* 指出，1994 至 1998 年，全球最富 200 人，財富由 4,400 億（美元），增至 10,042 億（美元），相當於全球 41%人口的總收入。同一時間，全球共有 13 億人收入每日不足一美元，而此數字在這數年間卻沒有變動。 Bill Gates 與美國 Walmart 超市的擁有者 Watson 家族，總財富相當於全球三十六個最不發展國家的國民生產總值。[3]

貧富懸殊是一個事實，但此事實是否應該改變？貧富懸殊是否有違社會公義？如果我們追求一個公義的社會，是否應該消滅或減低貧富懸殊？到底何謂公義？一個公義的社會可否有財富不均以至貧富懸殊的情況出現？一個貧富懸殊的社會，是否在社會公義上出了問題？

為何會接受貧富懸殊？

首先，我們看看反方觀點，即是認為貧富差距以至貧富懸殊並無不公義。為甚麼有人會認為財富不均沒有違背公義？常見的理由有以下幾個：（一）歷史論，（二）才華論，

3　United Nations Development Programme, *Human Development Report 1999*, New York: Oxford University Press, 1999, pp.37,38. 轉引自 Alex Callinicos, *Equality*, Cambridge: Polity, 2000, p.1.

（三）機會論。

歷史論認為，貧富懸殊是否不公義，要看過去發生過甚麼事。如果富人是靠偷竊、欺騙的方法去獲取財富，曾掠奪貧窮者的財產，虧欠了他們，那麼現時的貧富差距自然是不正當的，但如果富人不曾虧待窮人，他們並不需要因為他們的財富遠較他人為多而感到內疚。

五十年代香港有大量貧窮人士，他們很多都是由中國大陸來港的。他們雖然貧窮，但並不認為香港的有錢人對他們有所虧欠，他們的貧窮並非有錢人造成，他們不會仇恨有錢人，有錢人亦不覺得對窮人要負甚麼責任。[4] 以下的說法很能夠代表那個歷史階段香港人的一般看法：

> 五十年代初來香港的難民，總共有一百萬人。為了應付驟增的人口，不要說食物和房屋，連水也嚴重缺乏，香港人怎會不貧困。……自己的貧窮並非誰人故意造成，也非馬克思所說的階級剝削的結果。那時的窮人，可說全是外來者，他們本來並不住在香港。所以，香港雖然有成千上萬窮人，卻沒有動亂，也沒有階級矛盾，或仇視有錢人的表現。……不少外國人初到香港，看到有錢人出入坐勞斯萊斯，住花園洋房，窮人擠迫在狹窄的公屋裏，居住面積比有

---

4 這個看法可以用 Robert Nozick 的財產權理論（entitlement theory）來說明，只要財產的獲得及轉移符合公正的程序，則財產的不均並無不公義之處。參看 Robert Nozick, *Anarchy, State, and Utopia*, Oxford: Blackwell, 1974, pp.149-153.

> 錢人的廁所還小。他們感到驚訝：窮人為甚麼不反抗？當然，他們看的是表面的現象，他們不明白，香港的窮人是怎樣產生的，最少在五十年代裏，窮人都是心甘情願的來到這個社會，有錢人不是他們的敵人，他們的敵人是貧窮本身。[5]

隨着香港在七十年代經濟起飛，社會上開始有一部分人先富起來，他們或被認為是比較勤力，更能把握市場的動態，或更能迎合市場的需要。1993 年香港廉政公署推出一套名為「才俊」的宣傳片，此宣傳片要宣傳的是公平，但卻為不平均辯護：「公平並不是各人都同樣賺一百元。公平是有一百元的才能賺一百元，有二十元才能的人賺二十元。這就是公平。可能今天你賺得比我多，但如果我的才華比你多，終有一天我會賺得比你多。」[6]

這個對財富不均的看法可以稱為「才華論」。一個人收入的多少，要看那一個人的本事，越有本事的人賺得越多，有志氣的窮人只可努力上進，力爭上游，而不可埋怨別人比自己富有。

第三個看法可稱為「機會論」，這個看法並不認為財富與能力成正比，有些人變得富有可能只是因為他們幸運。雖然不是一分耕耘一分收穫，但人人都有機會成為幸運兒，香港

---

5 周永生，《目睹香港四十年》，香港：明報出版社，1990，第 10-11 頁。

6 http://www.youtube.com/watch?v=kqLVoLPH1Po&list=PL50322BA21C07F269

社會雖然不平等，但有公平機會，香港人不一定會發達，但人人都有發達的機會，可能是通過中彩票、買股票、買房屋而致富。[7]這個看法在香港曾經頗有市場，正如周永新在其著作中所說:「回歸前，市民仍認為自己有發達的機會，看見別人發財，自己也雄心勃勃。」[8]

然而，以上的三種看法在當今的香港已難以為人接受。五十年代來港的新移民，並不認為香港社會對他們有甚麼虧欠，但今天的香港人是土生土長的一代，他們認為香港是他們的家，自覺是香港的主人。歷史論在五十年代可算是相當合理，但在今時今日已經脱節。才華論與機會論亦明顯地不符事實，資本賺取資本的能力，遠比其他因素為高，世代貧窮的現象，顯示機會也不是人人可有。[9]以上的三個為貧富懸殊辯護的理由，可以說是徹底破產了。

公義與平等

甚麼是公義（justice）？公義和平等（equality）是否同一回事？希臘哲學家亞里士多德（Aristotle, 384-322 B.C.）為

---

7 參看呂大樂所說的「香港夢」，呂大樂 2015: 117-118；吳曉光（Xiaogang Wu）提到大陸人及香港人均認為自己有機會發達，所謂「香港夢」在今天仍然有市場（Wu 2011; Chiu and Wong 2011: p.18）。

8 周永新，《真實的貧窮面貌——綜觀香港社會六十年》，香港：中華書局，2014，第 177 頁。

9 用資本賺取資本的速度，遠高於經濟增長的速度，自十九世紀已然，於今尤烈，此乃 Piketty（2014）一書的重要論述。

「公義」下了一個定義，帶出了公義與平等兩者的微妙關係：「公義即對平等者予以平等對待」（treating equals equally）。

這個定義將公義和平等拉上關係，但又不是簡單地將兩者視為同一回事。公義並不是對每一個人平等對待。假使有一百個被告，判他們各打三十板，然後放人，並不合乎公義，因為他們各人的情況並不相同，這只是「對不平等者予以平等對待」（treating unequals equally）。由於他們是不平等者，故應予以不平等對待，才可以合乎公義。

但問題是：「怎樣才算是平等者呢？」如果要每一方面都完全相同，那麼「對平等者予以平等對待」是不能實行的，因為世上並無兩人是完全相同者。如果所謂「平等者」並不需要各方面都平等，只需要某些方面或是相關方面平等（equal in relevant aspects）就可以了，那麼我們便要問：「哪些方面才是相關的？」

亞里士多德所下定義的缺點並不是它有甚麼不能為我們同意的地方，而是它太空泛了，以致對公義有完全不同理解的人都可以贊成他的說法。

支持奴隸制的人也可說奴隸制是公義的，因為他們對平等者予以平等對待，以對待貴族之道對待貴族，以對待奴隸之道對待奴隸。貴族與奴隸並不平等，故毋須平等對待他們。

承接亞里士多德的說法，公義並不等於對各方面有平等的對待（equal treatment），只表示對各方面的利益有平等考慮（equal consideration），對相同的事例有相同的處理。但問題是：「怎樣才算是平等地考慮了各方面的利益？如果對每一個人的利益同樣重視，仍然會容許社會上有不平等的現象嗎？」

個人權利與政府職責

我們討論貧富不均是否有違社會公義，可以由自由主義（liberalism）談起。

按照英國哲學家洛克（John Locke, 1632-1704）所開創的自由主義傳統，每一個人的生命是屬於自己的，並不是其他人、團體以至整個社會可以運用的資源的一部分。

個人屬於自己的，也就是說他擁有自己的生命、身體。其他人殺害他、禁錮他或殘害他就是侵犯了他的權利。他既擁有自己的身體，因此他憑藉自己的勞力生產出來的東西便是屬於他的。

這樣說來，人有權擁有自己生產出來的物品。但現在我們擁有的物品每每不是我們自己生產的，這是否表示我們擁有那些物品是不公義的？不是。因為一個人可以將生產到的物品送贈別人，或與別人做交易。我擁有我生產出來的物品是公義的，我有權按我的意願處置我擁有的物品，我可以送給你或賣給你，於是你變成有權擁有我生產的物品。也就是說，你擁有那件物件是公義的。因此，一個人可以合乎公義地擁有一些不是他自己生產的物品。

如果一個社會的貧富不均現象是由於富人用不正當手

段欺騙、剝削貧窮的人而造成的，這種貧富不均當然有違公義。但如果富有的人採用正當的手段累積財富（例如他父親、叔父均自願地把財產送給他），則縱使他很有錢而其他人很窮，亦不見得是不公義的。

按照以上的看法，只要富人的財富是正當手段得來的，社會上有人很有錢、有人很窮，並不表示有不公義存在。也就是說，我們不能僅由社會有貧富不均甚至貧富懸殊現象，而斷定這個社會是不公義的。

如果貧富不均並不是由於不公義而造成，政府要拉近貧富距離反而是不公義的。例如政府向富人多收些稅，以取得多些資源作社會福利，這不啻是慷他人之慨，劫富濟貧。做善事當然是好事，但只能聽憑人們的意願，如果由政府用稅款去做，就等於強行從納稅人身上取錢去津貼其他人，這樣不單不是促進公義的行為，反而正正是不公義的。

總括以上的論點，一個貧富不均的社會可以是公義的。只要富人是用正當手段獲得財富，只要窮人之所以窮不是由於富人的侵害而導致的，則社會上縱使有人很有錢，有人很窮，亦不是一個不公義的社會。

從貧富不均到貧富懸殊

縱使以上說法有道理，一個貧富不均的社會不一定是一個不公義的社會，一個公義的社會可以容許貧富懸殊的情況存在，但可以容許貧富懸殊的情況不斷惡化嗎？政府對於社會上貧窮的人是否有照顧的責任？如果有的話，又怎能不從社會上其他人身上抽取資源以完成這個責任？如果一個富有的人極度奢侈浪費，貧窮的人連基本生活都成問題，貧窮的人可能只是因為不幸而不是富人的剝削以致如此，但富人卻對貧窮的人的苦況坐視不理，這個社會還可以是一個公義的社會嗎？

公義與無私

富人對窮人有沒有責任？各人對這個問題有不同的看法，原因是各人有各人的文化背景、利益所在。

人們平常之所以不能正確判斷怎樣才是公義，一個重要的理由是他們有偏私。要決定怎樣的制度才算是公義（例如應否向富人多收稅款以作社會福利之用），最好的方法就是：「忘記了自己是誰。」

以下一個故事最能說明這點。一個婆婆向別人訴說她的苦況：「我真是家門不幸了，竟然有這樣的一個媳婦，她常常將我們家的東西取回娘家。幸而我的女兒還不錯，她時常從夫家取東西回來。」如果我們只是對這個婆婆說，一個婦人（可能是她的媳婦，可能是她的女兒，可能是其他人）從夫家取東西回娘家，問她這個婦人做得對不對，她的判斷應該更加公道。

如果我可能是一個高收入的人，亦可能是一個失去工作能力的人，我會認為政府對失去工作能力的人應有多少的照顧呢？如果政府對失去工作能力的人全無照顧或是照顧得很少，萬一我成為一個失去工作能力的人，我又何以為生呢？如果政府對失去工作能力的人有極闊綽的津貼，萬一我是高收入的人，我豈不是會有很重的負擔？綜合看來，我會贊成政府對有需要的人提供援助，最少可以令他們過安穩的生活，但又不至於贊成將富裕者的收入與匱乏者對分。

當代的美國哲學家羅爾斯（John Rawls, 1921-2002）認為要決定怎樣才算是公義，最好先問在甚麼情況之下一個人最容易作出公義的決定，再問在這個情況之下他會作出怎樣的決定，這樣便可得知公義的決定是怎樣的。羅爾斯認為一個人在不知自己的身份而又企圖理性地追求自己利益的情況下最容易得出合乎公義的決定，而在以上的情況下，這個人會作較壞的打算，保障自己在最壞的情況下亦不至於有太壞的後果。這時他會根據以下兩個原則作出決定，羅爾斯由此推論以下這兩個原則就是公義的原則——要決定一個制度是否公義，就要看這個制度是否符合以下兩個原則：

（1）基本自由要人人平等，愈多愈好。

（2）社會及經濟上的不平等可以容許，但必須符合以下兩個條件：（甲）不平等對社會上最不受惠者（the least advantaged）會帶來更大的利益；（乙）每個人有平等機會成為不平等中的更受惠者。（Rawls, 1973: p.302）

每個人的基本權利，例如行動、言論、集會的自由是一定要受到保障的。因為縱使我不知道我是社會上的哪一個人，我亦可肯定我需要這些自由。這些自由是不論我採取哪一種生活方式，做生意也好，做和尚也好，都是需要的。這些自由並不能以促進其他人以至社會整體更大的利益為理由而犧牲。

經濟利益及社會地位、權力的分配亦應盡量平等，但假如不平等對於任何人都沒有害處，則不平等不一定是一件壞事。假設我們要從兩個制度中作出選擇，甲制度更平等，乙制度會出現不平等，但如果乙制度之下，每個人的得益——包括最低下階層的得益都比甲制度好，我縱使不知道自己是乙制度中的哪一個，為了我的利益，我也會選擇乙制度而不選擇甲制度。

羅爾斯的公義原則顯示貧富不均可以是合乎公義的，只要這個容許貧富不均的制度對社會上最不受惠者亦帶來利益，為最不受惠者帶來愈大的利益就愈是公義。

比如說私有制和自由市場比起公有制和計劃經濟會帶來更大的不平等，但我們可以說私有制和自由市場不公義嗎？這就要看看在兩種制度之下的最不受惠者，哪一個會得到更大的實質利益。如果在第一種制度之下的最不受惠者的利益亦比第二種制度下的最不受惠者優越，則第二種制度並不比第一種制度合乎公義。

公義與社會政策

羅爾斯的公義理論可以解釋為甚麼向納稅人多徵收不花在他們身上的稅款，以作社會福利之用，是合乎公義的。改善最不受惠者的境況是合乎公義的。

增加利得稅的稅率也是合乎社會公義的，但增加的幅度卻不可以過大，否則人們牟利的動機降低了，整體的生產降低，隨之而收到的稅款亦可能減少。如此一來，用以改善最不受惠者境況的資源不加反減。這樣對最不受惠者反而不是最好的。

至於輸入外地勞工政策，則明顯地是違背公義。輸入外地勞工，得益的只是資本家，工人不單沒有好處，收入更會受到打擊，造成貧者愈貧，富者愈富。這種不平等對社會上最不受惠者完全沒有好處，所以並不合乎公義。

公義社會的社會福利

社會福利被一些人譏為免費午餐。提供多些社會福利就好像用公家的錢派發免費午餐，必然加重政府的負擔，也就是間接加重納稅人的負擔，這好比付出沉重的代價，去做一些不很重要的事。

然而，將社會福利形容為免費午餐是很誤導的。免費午餐是可有可無的東西，得到了我們不會怎樣感激，得不到也不會感到怎樣可惜。將社會福利說成是免費午餐，等於將社會福利定性為替普羅大眾多找些「着數」。

問題的關鍵是：提供社會福利應去到哪一個限度呢？如果福利要做到為一般人多找些「着數」，令他們生活得更寫意，那無疑是太濫了。這種社會福利無必要，代價亦太大。

但是提倡要有多些社會福利的人是否只能這樣無節制地要多些「着數」?

提供社會福利的其中一個限度是保障人們的基本需要得到滿足。一個人要生存，就有若干需要有待滿足。這些對生存而言必須滿足的需要，有別於為生活豐盛、有意義而有的需要，可被稱為基本需要。一個人的基本需要不能滿足，不一定因為他自己懶惰，或別人剝削他。例如一個一家四口的家庭生活幸福，但因一次意外，父親死去，母親殘廢，這個殘廢母親帶着兩名子女，如果沒有社會的援助，如何可以生活下去？又例如一個人不幸染上惡疾，為治病需要應付昂貴的醫療費，如果要他自己負擔，他可能負擔不來而病死了。

如果社會福利只限於保障基本需要，那麼現時的香港已可算是做到了，並沒有人會因為得不到公共援助而困苦到餓死或病死。按照這個原則，卻解釋不到為甚麼香港要進一步提供多些社會福利。

然而，以保障基本需要為提供社會福利的原則恐怕是過於狹隘了。這個原則太保守，只是要求人們不至於餓死、病死便算。這並不可算是對社會成員的有效保障。

我們的社會已經到達了較豐足的階段，可以考慮以下一個提供社會福利的原則：社會福利要足以保障社會成員的最低度的合理生活（minimally decent life）。這個「最低度的合理生活」可由當時社會上的一般人憑常識判斷。最低度的合理生活不應包括三房兩廳的住宅，但每人數十平方呎的居住面積總該有吧？最低度的合理生活不應包括每餐三菜一湯，但總不能夠每餐只有足夠錢吃麵包吧？

只要我們能訂出一個最低度的合理生活的指標，提供社會福利仍然是極有節制的。這與無原則地派發免費午餐不可同日而語，亦不見得由此就會踏上企圖泯滅貧富懸殊的社會主義道路。

參考資料

Alex Callinicos, *Equality*, Cambridge: Polity, 2000.

Aristotle, *The Politics*, Cambridge: Cambridge University Press, 1988.

John Locke, *Two Treatises of Government*, Cambridge: Cambridge University Press, 1988.

John Rawls, *A Theory of Justice*, Oxford: Oxford University Press, 1973.

Stephen Wing-kai Chiu and Siu-lun Wong (eds.), *Hong Kong Divided: Structures of Social Inequality in the Twenty-First Century*, Hong Kong: Hong Kong Institute of Asia-Pacific Studies, The Chinese University of Hong Kong, 2011.

Thomas Piketty, *Capital in the Twenty-First Century*, Cambridge, MA: Harvard University Press, 2014.

Robert Nozick, *Anarchy, State and Utopia*, Oxford: Blackwell, 1974.

Xiaogang Wu, "Inequality and Equity in Income Distribution: Hong Kong and Mainland China in Comparative Perspective", in Chiu and Wong 2011, pp. 277-311.

呂大樂，《香港模式：從現在式到過去式》，香港：中華書局，2015。

周永新，《目睹香港四十年》，香港：明報出版社，1990。

周永新，《真實的貧窮面貌——綜觀香港社會六十年》，香港：中華書局，2014。

世界貧窮
——與我何干？

秦家昌

前言

本章分成兩部分。前半部分主要闡釋國際社會對「世界貧窮」的定義，以及我們在解讀此定義時要留意的地方。我們發現如何界定貧窮線將直接影響我們對世界貧窮的認知。為了深入了解世界貧窮，我將從八個相關層面剖析其現況，並探討各國政府在合力扶貧方面所採取的策略。本章的後半部集中討論世界貧窮所衍生的倫理哲學問題，尤其是我們為甚麼會與世界貧窮扯上關係。當中觸及的社會倫理理論包括「後果主義」及「人權論」。本章的結論是：看來像是遙遠的世界貧窮問題，實質上與我們有莫大的關聯。

世界貧窮的定義

國際社會一般依從世界銀行對貧窮釐定的標準。世銀是由多個國家組成的國際財經組織，為聯合國發展組的成員之一，致力改善世界貧窮狀況，以及對有需要的國家提供貸款和資助，以解決其在基礎設施、通訊、醫療、衛生及教育等所遇到的困難。在1990年，世銀對「赤貧」（extreme poverty）定義為購買力平價（Purchasing Power Parity, PPP）每日低於1美元。其後在2008年，它將金額提升至（以2005年幣值計）不高於1.25美元，即約10港元。[1]雖然世銀將赤貧與金額掛鈎，但要注意此金額不是實質以美元在貧窮國家兌換成當地金錢使用的價值，因為在貧窮國家兌換美元所得的金錢往往不同而且高於實際國際匯價。所謂購買力平價是以1.25美元在美國能夠購買到的物資為準。[2]此外，這裏的焦點實質上不只是金額，而是生活水平。很明顯，以如此微薄的金額實難以維持基本生活的需求。因此，「赤貧」亦稱為「絕對貧窮」（absolute poverty）。「絕對貧窮」是前世銀主席麥克納馬拉（McNamara）在1973年的一次演講首次提出[3]，意即在任何情況下，這種貧窮水平足以危害人類的生存機會以及作為人的基本尊嚴與權利。隨後在1995年，

---

1 其後在2015年，世銀將購買力平價提升至約1.9美元，即約14.82港元。此更改可視為世銀回應部分學者對它的批評（見下文），即其購買力平價定位過低及未能如實反映世界貧窮的情況。本節將集中討論世銀以1.25美元為標準的問題，從而解釋為何世銀在2015年會作出如此大的修改。另一方面，下文將討論世銀訂下在2015年要達到減滅世界貧窮的八項目標。由於世銀自我評審對此八項目標的達標程度原是以1.25美元為指標的，所以為了清楚了解世銀的滅貧進展，我們以1.25美元為一個重要的討論指標。

2 Peter Singer, *Practical Ethics,* 3rd edition, Cambridge: Cambridge University Press, 2011.

3 Pages from World Bank History- " Bank Pays Tribute to Robert McNamara" (http://web.worldbank.org).

聯合國亦正式採用「絕對貧窮」的概念，以此涵蓋「人類基本需求的物資處於嚴重短缺的情況，當中包括食物、可安全飲用的食水、衛生設施、健康、居所、教育及資訊」[4]。「赤貧」是有別於一般「貧窮」(poverty) 的，後者可稱為「相對貧窮」(relative poverty)，意即相對個別社會上其他階層而言，該生活水平明顯相對地艱辛，應受到當地政府或國際機構援助。世銀將一般「貧窮」定為購買力平價每日 1.25 美元與 2 美元之間。有些學者則認為 1.25 美元至 5 美元 (或更高) 之間的範圍，更能反映世界貧窮的實況。下文將討論如何解讀世銀對「赤貧」及「貧窮」的定義。

解讀世界貧窮的方法

現今世界貧窮的情況相當嚴峻。在 2008 年世銀以 1.25 美元作為赤貧的指標，這是根據當時對全球最貧窮的 15 個國家統計得出來的平均值。[5]事實上，生活於 1.25 美元或更低水平的赤貧國家的人數是龐大的。據世銀 2014 年度的《世界發展指標》，估計全球生活在赤貧的人數高達 12 億以上，佔所統計的六個地區 (東亞及太平洋、歐洲及中亞、拉丁美洲及加勒比、中東及北非、南亞和撒哈拉以南的非洲) 的總人

---

4 United Nations. "Report of the World Summit for Social Development", March 6–12,1995. (http://www.un.org/documents/ga/conf166/aconf166-9.htm)

5 *World Development Indicators*, Washington: World Bank, 2014, p.25。

口約21%。換言之，在全世界（以2014年為例）71億人口當中，幾乎每6人就有1人生活在水深火熱的赤貧情況下。據世銀估計，中國在2009年就有12%人口生活在赤貧之下，約1.5億人。

赤貧地區以拉丁美洲及加勒比的人民尤其艱苦，據2010年的統計，在此地區共3,000多萬人的日均購買力平價只有0.6美元，即少於5港元。如果以全球七大洲而言，非洲無疑是最貧瘠的大洲。全球最貧窮的24個國家中，非洲便佔了22個。如果以撒哈拉以南的非洲而言，他們的購買力平價為0.71美元，即約5.5港元，所佔人口高達4億多人。

據世銀的資料顯示，世界貧窮的趨勢在過往25年間似乎有所改善。例如在1990年，生活在1.25美元為基點的赤貧人口約19億，到了2010年則降至約12億，而到了2015年世銀更估計會降至不足10億人口。而全球赤貧人口的購買力平價的平均值亦由1990年的0.82美元升至2010年的0.87美元。

儘管世銀提供了相關數據，但它能否證明世界貧窮的情況真的改善了？首先，世銀提出1.25美元為赤貧指標；這指標明顯不適用於城市中的赤貧人口，因為這金額根本是不足以為生的。例如有學者認為，要在諸如美國的城市維持最起碼的貧窮生活，購買力平價需要10美元。[6]事實上，在城

---

6 Anup Shah, *Poverty Facts and Stats*, Global Issues: http://www.globalissues.org.

市生活的窮人，就算他們可運用的金額高於 1.25 美元，例如在 2 美元與 10 美元之間，他們的生活水平不見得就能高於農村裏的赤貧戶，甚至由於得不到適當的援助，他們的生活可以變得與一些村落裏的赤貧戶相若或更差，但他們永遠不會出現在世銀的赤貧或貧窮統計數字裏，因此成為一些學者所稱的「隱形貧民」（the invisible poor）。〔7〕所以，世銀所訂下的目標要在每 15 年間將赤貧人口減半，未免不切實際了。因為就算數字上他們能達到或趨近目標，實質上赤貧及貧窮狀況未見得可以大大改善。

如果我們採用務實方式了解世界貧窮問題，可將赤貧和貧窮指標作出彈性調整，以便更能反映現實。在此我們可借用世銀在 2008 年的《世界發展指標》數據，當中統計了在 2005 年採用不同的赤貧及貧窮指標所覆蓋全球人口不同的百分比。例如，如果將「赤貧」訂在 2 美元（15.6 港元）〔8〕，當時全球便有 26 億人口屬赤貧，佔了全球人口 40%。如果將「赤貧」訂在 2.5 美元（19.5 港元），全球便有 31 億人屬赤貧，佔全球人口接近 50%。最後，如果將「貧窮」訂在 10 美元（約 78 港元），那麼全球會有 51.5 億人口屬貧窮，佔全球

7 Jeremy Seabrook, *The No-Nonsense Guide to World Poverty*, Oxford: Verso, 2003, Chapter 1.

8 在 2015 年世銀更新了赤貧的購買力平價約為 1.9 美元或以下。很明顯，世銀明白到 1.25 美元的購買力平價根本不足以為生。以 2015 年的生活水平而言，1.9 美元仍屬過低，所以仍是十分具爭議性的。有關世銀的更新資料，見http://www.worldbank.org/en/publication/global-monitoring-report/poverty-forecasts-2015。

人口高達 80%！簡言之，以 10 美元為一般貧窮指標的話，那麼全球只有 20%的人口生活水平高於貧窮線，人口僅有 13 億左右。

顯而易見，如何通過統計數字來反映世界貧窮的狀況是相當具爭議性的[9]，但無論是採用世銀的 1.25 美元為赤貧指標（涉及全世界人口 21%，約 12 億人），還是採用剛才提及的 10 美元為貧窮指標（涉及全世界人口 80%，約 51.5 億人），世界貧窮的嚴峻程度，遠遠超出物質生活發達的都市人所能想像。

解決世界貧窮的路向：理想與現實

世界貧窮對人類造成的影響深遠而廣泛。單靠世銀的購買力平價的數字未必能夠清楚反映世界貧窮的實況。那麼，我們可試從其他角度探索真相。世銀提出了八個千禧發展目標（Millennium Development Goals），志在推動及評估對世界貧窮所採用的策略。我們可從這八大層面深入了解貧窮對人類生活各層面造成的傷害。[10]

---

9 博格對世銀的赤貧及貧窮指標作出了深入的分析及尖刻的批評，見 Thomas Pogge, "How *Not* to Count the Poor", http//www.columbia.edu/~sr793/count.pdf. 對他的回應可參閱Martin Ravallion, "How *Not* to Count the Poor: A Reply to Reddy and Pogge", http//www.columbia.edu/~sr793/wbreply.pdf.

10 本節資料主要據*World Development Indicators*, Washington: World Bank, 2014。

世銀第一項千禧發展目標是要削減全球赤貧人口的比率。對於以 1.25 美元的購買力平價作為赤貧指標的全球趨勢，世銀訂下了相當進取的目標，就是要在 2015 年將 1990 年的赤貧人口比率減至一半。在 1990 年，世銀以發展中國家（即上文提及的六大區域）的人口作為基數，發現有 43% 是生活在世銀的赤貧線以下。要在 2015 年將這 43%比率減半，即是要達到 21.5%的比率。在 2010 年，世銀得到的有關數據是 20.6%。因此，2015 年是可以達標的。

但數字歸數字，世銀與此同時留意到全球赤貧人口比率下調的趨勢是相當不平均的。在全球六大區域中，有五個地區在 2010 年時赤貧人口比率已達歷史性低位。但南亞及撒哈拉地區的改善工程進展緩慢，南亞在 2010 年的赤貧比率仍處於人口比例 30%左右，而撒哈拉地區仍高企於 48%。解讀這方面的數字，有一個問題值得提出。東亞及太平洋地區的赤貧下調幅度至大。15 年間（1995-2010），它的赤貧比率由 58%左右一直往下調至 16%左右。這與中國大陸經濟起飛有直接關係。中國本身的赤貧人口比率，由 1990 年的 60%下跌至 2009 年的 11%左右。以人數計，即是由 6 億多人下調至 1 億多人。至於其他三個地區在這 15 年間赤貧比率只有輕微下降，介乎 5 至 10%左右。所以如果我們將中國赤貧的數字除去，並加上通貨膨脹的影響，世銀第一個減貧的千禧發展目標能否真正達到，實屬疑問。就算在統計學上說是有可能達標的，它對大部分赤貧地區的人民是否真的有意義？他們之中究竟有多少人能夠真正受益於世銀這個進取的全球赤貧比率減半的目標？這是我們要存疑的，否則很容易墮入過分樂觀的思考盲點。[11]

世銀訂下的第二個目標，就是期望全球適齡入學的兒童都能接受並完成小學教育。2009 年的數字是 90%適齡兒童已接受小學教育。但個別地區的情況仍有待改善，尤其是撒哈拉地區，適齡入學兒童的比率是 70%。世銀認為全民接受小學教育這個目標，要面對最大的挑戰，就是半途輟學。輟學的原因與下列幾點有關：費用、家校往返的距離、人身安全和學習能力。今天，大約有 5,500 萬的適齡兒童沒有就讀小學的機會，當中 80%來自撒哈拉地區及南亞。此兩地區的輟學比率亦高達 40%左右。此外，世銀亦關注到教育質素對赤貧兒童的影響。很多完成所謂小學教育的學童實質上並沒有掌握足夠的數字及文字處理的基本能力。另外，世銀亦意識到小學教育程度在現今社會裏能起的正面作用正慢慢減退，而對中學或以上的教育需求愈來愈大。如何邁向提升赤貧學童的中學教育，已變成減貧一項無可避免的新挑戰。

第三項目標是要推廣男女平等，尤其是要提升女性的社會地位與經濟能力。在貧窮的國家，女性的地位往往處於低微位置，而且常常是被歧視的一群。與以上教育有關的事項

---

11 據世銀在2015年更新的1.9美元為赤貧標準為例，在1990年的全球赤貧百分比會變為37.1%，而在2015年的相關百分比則降至9.6%。以9.6%而言，世銀可謂超標完成減減赤貧的目標。但這純統計學上的數字變更，似乎更加暴露了世銀減減赤貧的目標，背後是牽動着更形複雜的全球赤貧的真實情況。

便是男女入學的比例。由1990年至2011年間，女性相對男性的入學比率都是持續偏低的，但令人鼓舞的是情況有明顯的改善。在1990年，女性入學的比率只是男性的77%，但到了2011年已提升至96%，意即整體男女入學比率已愈來愈接近。另外，女性的工時往往是非常長的，而且在非正規的行業裏她們只收取微薄甚至零工資。在歐洲及中亞地區，女性在非耕種行業裏的受薪比率是46%，這樣的水平當然不算理想。但在中東、北非及南亞，情況更為惡劣。這些地區的比率只有16%（前兩者）和19%。

如何能令貧窮落後國家的女性提高地位，是一項艱辛任務。女性受到歧視，究竟是社會出現貧窮的「原因」還是「結果」？假設是原因，它可能是因為社會未有善用人民（尤指女性）的才能，因而錯失提升社會經濟的機會，例如個別女性擁有卓越的領導才能，但只因性別而被能力較遜的男性取代。社會的人力資源被扭曲甚至白白浪費，都是貧窮國家難以改變現狀的成因之一。當然，性別歧視亦可能是社會貧窮的結果，因為在有限資源的社會條件下，既得利益的社群往往壓迫其他社群以維持原有局面，保障自身利益。很多貧窮的社會在文化上較為封閉和政治上較保守，在父權傳統上既得利益的男性便往往歧視、壓迫女性的權益。在這裏提出這問題，目的不是要決定孰是因、孰是果。事實上，它應是互為因果的。但以它為「因」的考慮下，國際社會在提供資金及資源給予貧窮國家時，應主動提出方案，要求當地婦女多參與義務及受薪的崗位，並保留具決策權力的職位給予當地女性，達集思廣益之效，這樣至少在有限的空間裏直接提升女性的地位。如果當地政府明白取得援助與性別平等參與是互為表裏的解決貧窮方案，這或有助加快改善女性受歧視的情況。

第四項目標是要減低貧窮國家五歲以下兒童的死亡率。受到世界貧窮最直接傷害的是年幼兒童，因為他們缺乏保護自身或求生的能力。事實上，在貧窮的國家裏，弱小的嬰孩很多都夭折或未能長大成人。現在全球的兒童數目約有 22 億，當中便有 10 億兒童生活在貧困艱苦的環境裏。例如，6.4 億兒童未能有安全的容身之所；4 億兒童沒有清潔食水飲用；2.7 億兒童沒有任何醫療援助。當中每年因飲用污水或因環境衛生惡劣而死亡的就有 100 多萬名兒童；200 多萬名兒童因缺乏接種免疫藥物而死亡；更有 1,500 萬名兒童因愛滋病而成為孤兒，每天面對死亡的威脅。[12]

據聯合國兒童基金會（UNICEF）的數據，每天有 22,000 名 5 歲以下兒童因貧病交迫致死，或每 4 秒便有 1 名赤貧兒童餓死或病死[13]，即每年便有高達 800 多萬名兒童因飢餓及疾病而死亡。這個年均數字加起來比香港 700 多萬總人口還要多！[14]這些兒童大部分都是「在全球最貧窮落後的村落裏

---

12 見 *The State of the World's Children*, 2005, New York: UNICEF。

13 見 http//www.poverty.com。

14 *2007 Human Development Report (HDR)*, New York: United Nations Development Programme, November 27, 2007, p.25.

無聲無息地死去，完全無法給任何願意施以援手的人察覺」。這些不幸的兒童不單無辜逝去，他們的父母更連向當地政府及其他富裕國家尋求援助的機會也沒有，實屬悲慘。

另外，世銀訂下的目標是要在2015年將25年前的死亡比率減少三分之二。在1990年，發展中國家每1,000名孩童有99名在5歲前死去，到了2012年，跌至1,000名中有53名死去，即下降了46%。事實上，除了撒哈拉地區，其他發展中地區已能減少50%的死亡比率。縱使整體死亡比率的下降速度每階段都有加快（例如在1990-1995年間，年均下降率是1.2%，在2005-2012年間，則有3.9%），但令人遺憾的是，世銀認為2015年仍不可以達到減去全球發展中地區三分之二的兒童死亡率。事實上，這些每年奪去數百萬名兒童性命的疾病，主要源起於營養不良、惡劣衛生環境、缺乏照顧及流行性疾病的傳播。這些疾病本來是可以避免的，問題只是缺乏資源及衛生條件。細看統計數據，便發現這些死亡個案中有70%都是1歲前的嬰孩，這70%中更有60%是未足月的初生嬰兒。因此，世銀認為擴大對嬰孩免疫注射的範圍及持續為貧窮地區服務，是其首要任務。

第五項目標是要減低婦女因懷孕及在分娩前後死亡的個案。在2010年，全球此類婦女的死亡個案高達287,000宗，即每天有700多名孕婦及產婦死亡。但相比1990年，這數字已是減少了65%。世銀的目標是要在2015年達到減去75%。縱使世銀認為此項目標無法達到，但此類婦女的死亡個案的下降率在每階段都有加快的趨勢。在1990-1995年間，年均下降率是 2.1%，在 2005-2010 年間，則有 4.3%。世銀指出，改善分娩醫療服務是十分迫切的，在南亞及撒哈拉地區，大部分分娩個案都沒有醫生、護士或助產士在旁協助，情況十分惡劣。另外，降低生殖率亦是十分重要的。現在全球有 2 億多名婦女需要採用家庭計劃及避孕措施，無奈因種種原因而無法實施，間接令到世銀無法達到此項目標。

有效對抗諸如愛滋病、瘧疾、肺結核等疾病，是世銀第六項目標。據 2012 年的統計，全球有 3,500 萬人證實感染愛滋病或對該病毒呈陽性反應，而該年亦增加了 200 多萬受感染的病人。另外，據世界衛生組織的數字，該年感染瘧疾人數達 2 億，當中死亡人數高達 60 萬人。再者，患肺結核病的人數則有 800 多萬。儘管世銀對減低肺結核個案數字的目標感到樂觀，但由於愛滋病是導致病人免疫系統失衡的主因，並間接與肺結核個案的增減有關，在患愛滋病人數高企的情況下，肺結核問題能否如期達標，仍有疑問。

世銀第七項目標是要確保環境持續性發展，優化自然及人為環境，逆轉自然資源的流失，保護生態環境的多元性及改善水源的衛生設施。以水源衛生為例，在 1990 年有 13 億人口缺乏使用清潔食水的機會。到了 2012 年，這數字減低至 7 億多人，下降了約 41%。世銀訂下目標，到了 2015 年要將 1990 年的缺乏潔水使用人口比率減半。換言之，在改善食水方面，世銀是逐步趨近目標的。可是，世銀同時留意到，相比城市，農村在衛生方面的改善並不理想。全球現有 25 億人居住在惡劣的衛生環境中。

在此目標範圍下，世銀留意到全球溫室效應有惡化跡象，例如全球二氧化碳排放量在 2010 年有 336 億公噸，比 2009 年高出 5%，比 1990 年上升了 51%。全球溫室效應令到氣溫上升，雨降量改變，海平線上升以及因天氣改變而造成的天災頻仍。這些都會對數以十億計生活在發展中地區的貧民造成莫大傷害。到現在為止，國際社會仍無法令所有國家合作，以減低全球溫室效應。要達成全面協議的目標，仍是遙遙無期。

最後，世銀的第八項千禧發展目標是要確保全球夥伴協作的發展。經歷了 2008 年的國際金融風暴，世銀注意到很多國家對解決世界貧窮的資助金額都減少了。來自「經濟合作及發展組織」（Organisation for Economic Co-operation and Development）屬下的「發展援助委員會」（Development Assistance Committee, DAC）的成員國所提供的「官方發展援助」（Official Development Assistance, ODA），在 2010 年有 1,270 億美元，減少了 4%。世銀並觀察到 ODA 對赤貧地區（例如撒哈拉地區）的援助金額亦減少了，跌至 DAC 成員國平均國民總收入的 0.29%，遠低於聯合國建議的 0.7%。如果所有成員國都能資助其國民總收入的 0.7%，便能匯集 1,950 億美元，理論上全球赤貧人民都能因受惠於此筆金額的援助而免於飢餓致死的悲劇。很可惜，以 2010 年計的金額，還有接近 40% 的差距。如果我們深入分析這國際援助的數字，便會發現當中情況複雜。以作為經濟大國的美國為例，每年的國際援助金額只有其國民總收入的 0.19%，比例上屬於全球最低的幾個國家之一。[15]更為複雜的是，美國的國際援助去向，主要不是考慮哪些國家最為貧窮、最為迫切需要人道援助；而是建基於其外交考慮。[16]例如得到美國資助金額最多的國家諸如埃及、伊拉克、巴基斯坦和哥倫比亞，都不是最貧窮的國家。相反，全球最貧窮的 10 個國家得到美國資助金額的百分比加起來只有 5%。事實上，由眾多國家提供的ODA援助資金只有 25%用於全球最貧窮的國家：每個提供援助的國家都有自身的政治、外交以至反恐考慮，令到援助金額不能因應實際的國際貧窮情況而得到適當運用。[17]

世界貧窮與個人責任：後果主義的觀點

世銀訂下的八個千禧發展目標，在許多範疇裏都取得階段性成果，但整體而言，未達標的項目多於達標的，而在達標的項目裏總有一或兩個地區遠遠落後於其他地區，這些落後的地區以撒哈拉地區為首，牽涉的貧民數以億計。我們看到，由多國政府捐出的千多億美元援助金額仍未能令世銀達標，這不禁令人提出問題：我們有否其他方法進一步紓緩，甚至根治世界貧窮的現象？

---

15 見 http://www.poverty.com。

16 “Smart Development: Why U.S. Foreign Aid Demands Major Reform”. (http://www.oxfamamerica.org)

17 Branko Milanovic, *Worlds Apart: Measuring International and Global Inequality,* Princeton: Princeton University Press, 2005.

彼得·辛格（Peter Singer），是一位來自澳洲、在普林斯頓大學任教的出色倫理學家。他對世界貧窮的課題進行了長達二十多年的研究，其中有專門剖析世界貧窮與個人責任問題的研究。[18]他引起的學術討論值得每位關注世界貧窮的人深思。

辛格的個人立場是鮮明的後果主義。對他而言，道德上的對錯取決於行為所帶來的後果。無論該行為背後有甚麼動機，辛格主張我們對它的道德評價應純粹由後果決定。如果不同的行為導致相同的後果，那麼辛格認為那些行為無論有甚麼出發點，都具有同一樣的道德價值。究竟後果主義是以甚麼標準釐定行為的價值？簡言之，如果該行為能為社會上更多人帶來幸福快樂或減少痛苦傷害，在道德而言，就是一件好事。在後果主義者眼中，對多數人有益的事，我們不但應該去做，而且我們有道德責任去做。如果我們有能力做對社會有益的事，但我們選擇不幹，那麼這抉擇就是錯的，因為這樣的抉擇會令到社會少了人可以得到幸福快樂，甚或多了人受到可以避免的痛苦傷害。相反，如果該行為為更多人帶來痛苦傷害或減少幸福快樂，我們便不應該去做：我們的道德責任就是不去幹此等事，因為這是一件壞事。

針對世界貧窮的問題，辛格扼要地陳述了他的後果主義的論證架構：

---

18 *The Life You Can Save: How to Do Your Part to End World Poverty*, reprint ed., New York: Random House, 2010 和*Practical Ethics*, 3rd ed., Cambridge: Cambridge University Press, 2011.

（前提一）如果我們能夠阻止一些壞事出現而又不用犧牲任何與之價值相近的東西，我們應該去做。

（前提二）赤貧現象是壞事。

（前提三）我們能夠阻止一些赤貧現象出現而又不用犧牲任何與之在道德價值相近的東西。

（結論）我們應該去阻止一些赤貧現象出現。

後果主義是以衡量我們的行為對多數人造成的利害而斷定該行為的對錯：利害與道德是緊密地聯繫在一起的。因此，在辛格的論據中，他着重「不用犧牲任何與之（在道德）價值相近的東西」，作為衡量該行為的結果及它是否值得實行的一個指標。如果以個人捐款為例，後果主義者會審視捐款這行為對捐款人（以及與他有關的其他人以至整個社會）的影響，並以此與赤貧民眾接受該捐款後所產生的影響相互比較。這裏所謂的影響，包括對任何人正面（有利）的或負面（有害）的影響。如果整體的結果是利多於弊，並能協助部分（即使只是一個）赤貧人士擺脫貧窮對他們造成的傷害，那麼人（其實是每一個有能力的人）在道德上都有責任捐助赤貧民眾，阻止至小部分的赤貧現象出現。

以下例子可進一步闡釋後果主義背後的理念及其衍生的哲理問題。假如陳先生是家庭唯一的經濟支柱，他月入港幣6.5 萬元，除去一切個人及家庭開支，他每月有 5,000 元儲蓄。他得悉有關世界貧窮的現象後，決定捐助一些有需要的人。他選擇通過香港世界宣明會，每月捐款 240 元，助養一名柬埔寨兒童。[19]如果從影響所有持分者的考慮來衡量陳先生的抉擇，每月 240 元的捐款對陳先生以及他的家庭來説不會構成任何重大的負面影響，但對於生活在赤貧的柬埔寨貧困兒童來説，這筆款項應足以令他感受到一些正面的影響。雖然這筆捐款未必能令受惠的兒童完全脱貧，但他的生活應有些改善。香港宣明會亦提供捐助者與受助者的聯絡服務，例如書信往來及贈送小禮物，這或許令陳先生感受到助人為快樂之本的欣慰。從心靈角度來看，陳先生亦可算是這筆捐款的「受益人」。

假設陳先生感受到那份助人的喜悦後，開始考慮助養更多的兒童。他本來想助養總共 10 名柬埔寨兒童，但與陳太商量後，決定助養總共 4 名兒童，每月捐款大約 1,000 元。這 1,000 元已佔了陳先生每月儲蓄的 20%，或收入的 1.5%。陳先生打算長期助養那些貧困兒童直至他們長大成人為止。很明顯，相比陳先生還未捐款的時候，他現在所做的是值得我們認同的。但他所做的，是否足夠？何謂足夠？從道德而言，他充分履行了他的道德責任嗎？其實，他有否責任助養與他素未謀面、生活在遙遠角落的陌生人？最後，陳先生助養 4 名兒童的行為是否值得我們對他特別稱讚？

19　該捐款金額以 2014 年計。有關香港宣明會如何釐定捐助貧困兒童的款項，見 http://www.worldvision.org.hk。

對辛格而言，這些都是重要的哲學問題。因為他認為要解決世界貧窮，每一個有能力捐助的人都「應該」參與。如何界定這「應該」的道德涵意成了辛格後果主義最關鍵的一環，因為這牽涉到解釋為何每人「應該」參與扶貧和釐定每人「應該」參與的程度。如果這「應該」的要求訂得太高，便會令人感到不切實際、缺乏參與的動力；如果訂得太低，那麼要解決世界貧窮的問題便變得不太可能了。

辛格認為，個人參與捐助世界赤貧地區，是生活在任何一個先進城市（中產或以上）的人「應該」要履行的道德使命，這裏的「應該」，意即每人在能力範圍下必須要履行的基本責任。辛格主張我們不應視捐助赤貧地區為甚麼偉大的善舉；相反，它只是後果主義的道德規範裏的其中一個基本要求。正如我們不應殺人一樣，我們不會因為沒有殺害無辜的人而受到稱讚：這只是我們「應該」要遵守的基本道德規範。循此義理，在我們有能力捐助的前提下，如果我們選擇不去做，就是一件壞事，因為這猶如「見死不救」。單從後果而言，見死不救與殺人是相若的（縱使它們的動機可以是完全不同的），因為它們的後果都是導致人命傷亡。因此，如果我們不去捐助赤貧地區的話，據辛格的觀點，我們是犯了錯，一種見死不救的錯，它的嚴重程度與直接殺人可以相提並論，因為它們的結果都是一樣的。

很明顯，將見死不救視為與殺人一樣錯，這是具爭議性的觀點。姑勿論這觀點能否成立，這裏有一點是非常重要的，就是辛格背後的想法。辛格認為，如果視捐助赤貧地區為值得稱讚的偉大善舉，這樣根本不能推動更多人參與扶助赤貧地區，因為在這思路下，我們根本沒有甚麼道德責任去捐助，捐助只會變成了基本道德規範之上的額外偉大情操；實踐了固然是一件好事，但不去做也不見得有甚麼問題，至少不會被視為「錯」的，充其量只是不夠「偉大」。如果是這樣，辛格以為我們將不能改變赤貧現狀或驅使更多有能力的人參與扶助赤貧地區，結果世界貧窮的現狀根本無法改變。

那麼每個人應該捐助多少才足夠？在辛格早期的思想，他主張每人應從月薪捐出10%。後來，他訂出一種遞進的方程式，猶如香港稅制一樣，對於有能力捐助的人，首先要捐出其工資中一定額量的5%，然後工資愈高的便要以遞進形式捐助更多。辛格相信他的後果主義，一方面能夠解釋為何有能力的人應該（其實是需要）參與捐助赤貧，因為不參與的話，這就是見死不救，其後果與親手殺人的惡行是同樣錯誤的。另一方面，他認為他的遞進捐助形式既能符合不同捐款人的實際能力，又能達致公平原則（即愈富有的人才需要捐助更多款項）。最後，據辛格估計，如果他的提議得到廣泛落實，根治世界貧窮的目標是指日可待的。

回到陳先生的例子。如果要達到辛格的要求，陳先生對四名柬埔寨兒童的捐款是不理想的，因為它只佔了陳先生每月薪金的1.5%。嚴格來說，陳先生至少要捐出他的月薪（65,000港元）的5%（即3,250港元）才足夠。就算以這樣的捐款，亦只是陳先生盡了他應該要負上的基本道德責任，這並不是甚麼值得讚許的德行。或許我們覺得任何一個中產人士願意每月捐出他的月薪 5% 是相當不錯的，但從辛格的角度而言，這只反映我們的道德意識中並沒有後果主義提出的「責任感」。我們明白殺人是錯的，但面對世界貧窮，不是每人都能感受到因拒絕捐款而可能產生的「罪惡感」。對辛格而言，沒有感受到應有的「責任感」或「罪惡感」不是反駁後果主義的論據。相反，正因為我們缺乏這樣的道德情操，世界貧窮情況才變得這麼嚴峻。後果主義者認為，如果我們依從辛格的主張，這一直困擾人類的全球性問題便得以迎刃而解。

例子中的陳先生或者會問，究竟辛格是根據甚麼標準釐定每人捐助的薪金百分比。對於陳先生來說，雖然他有能力每月捐出 3,250 港元（即每年 39,000 港元），但要維持這筆固定開支，他需要將每年一次的全家外地旅遊改為每兩年甚至每三年一次。他應該要作出這些改變嗎？對這些問題，辛格的回應是「生死攸關」。這裏觸及的死亡，過程當中還包含了赤貧民眾要經歷無盡的苦難、恐懼和悲傷。面對在世界各地每天數以萬計餓死或病死的貧民，陳先生一家減少外遊根本沒有甚麼大不了。為了捐助赤貧民眾而作出某程度的個人犧牲，辛格認為這是合理的。他設下的唯一底線是：當事人所作出的犧牲與他帶來的貢獻在（道德）價值上不應是相若的。如果個人犧牲與對社會的貢獻在價值上相若，從後果的效益角度而言，可謂得不償失；更重要的是，如果超越了這底線的話，這將更難説服有能力扶貧的人捐款。但在不影響自家安危或家人原有的安定生活而作出的種種犧牲，當中可以有很大的差異。如何在這差異範圍中定位，正是陳先生要詢問的，亦是上文要探討如何理解辛格所謂「應該」參與的程度。

上文提到，在辛格的原來構思中，他認為月薪 10%的捐款是適切的。但為了平息各方對他的責難，他退而求其次訂出月薪 5% 及其遞進架構。但這種「退而求其次」的做法正暴露了辛格後果主義的困局。從一方面來看，後果主義着重事件對社會以至世界上大多數人的影響遠遠大於對單單個別人士自身利益的考慮。這背後其實預設了社會各階層應要趨向「整體優化」現象，當中包括通過減少「兩極化」的「均等過程」而達到。這裏的「兩極化」明顯是指赤貧與鉅富的差距，即所謂貧富懸殊的現象；而「均等過程」意即各個有能力的人需要投入協助整體社會，令到幸福增加或痛苦減少，從而消除貧富懸殊的現象。在世界貧窮的問題上，越富有的人越需要捐出更多金錢，尤其是面對赤貧民眾「生死攸關」的處境。因此，辛格認為在這個物質富庶的現代世界，我們居然容許每天數以萬計的人死於貧病交迫的慘況，這顯示出每個不對世界貧窮施以援手的人，都是沾滿「道德的污點」（moral stain）。

當我們細心審視辛格的論據，便不難發現如果要將他的後果主義貫徹到底，他對所有中產或以上（尤其是富有）的人的道德要求，要比捐出他們月薪 10%還要高得多才恰當。從他 2010 年的著作《你能拯救的生命》中正可以看到這隱藏的思路。例如在他討論一些鉅富的例子，他完全放棄了月薪比例捐款的要求，並對他們提出了很多的批評。其中一個他引用的例子是世界首富比爾．蓋茨（Bill Gates）。在肯定蓋茨成立接近300億美元的慈善基金的同時，辛格批評蓋茨未能以身作則，自己正過着奢華的生活：例如他住在價值1億多美元、50,000平方呎的湖邊大宅，單是每年要繳交的物業稅便高達100萬美元。在蓋茨眾多的私人收藏裏便有價值3,000多萬美元的達文西親筆手抄本。辛格認為蓋茨與其花費大筆金錢於個人生活上，倒不如放棄揮霍的生活，將更多金錢捐助給在生死邊緣掙扎的貧民。辛格從蓋茨豪華的生活立論，堅持他「可以捐助更多」。另外，對於蓋茨在微軟時代早期認識的夥伴保羅・艾倫（Paul Allen），辛格的批評更尖刻。艾倫捐出了9億美元作慈善用途，但辛格認為以艾倫160億美元的身家而言，這些捐款實在少得可憐。辛格詳述了艾倫如何擁有在2003年號稱全球最大的私人遊艇的豪華設備，用意在於批評他的奢侈消費，並認為面對世界貧窮現象，這班超級富豪的窮奢極侈，應予以譴責。但這些富豪究竟要捐助多少才足夠？辛格並沒有明確標準，亦沒有提供任何答案。但以隱藏在他思想背後的「均化」假設而言，除非世界貧窮消失了，任何富有人家的高檔消費，都是沾滿了道德污點的錯誤。就算是一般中產人士，辛格亦認為他們很多消費（例如替子女繳交昂貴的私立學校學費）都是不必要的，他們應考慮將這些開支轉為扶貧的捐款（例如可讓子女轉讀免費的公立學校）。這些主張正正反映出如果辛格要貫徹他的後果主義，在解決世界貧窮的問題上，捐出月薪的5%或10%或更高，其實都不是真正足夠的。在「生死攸關」的前提下，任何人與生死無關的消費或開支，都變得不必要，甚至值得質疑、批評、譴責。

很明顯，從辛格的後果主義理論衍生出來的道德要求是遠遠高於他個人片面提出的定位。事實上，他「退而求其次」的舉動，足以暴露了在他整個理論系統裏，根本無法尋找到一個妥當的站立點——一個可以令他一致地感到滿意的定位。辛格在界定「應該」的道德含意上，一方面覺得要委曲求全地把個人捐款要求降低，但另一方面又抵受不了來自理論內部的壓力而不自覺地提升要求。最終，他將後果主義變成讓他個人隨便訂下主觀標準的一個相當不穩定的理論。這亦間接導致他提出解決世界貧窮的方案，缺乏合理的説服力。

世界貧窮，與我有何關係？

從上文的討論，我們可以看到辛格整套後果主義是針對單純的個人層面而展開的。這套思想縱使清楚指出全球貧富懸殊的現象應予以糾正，但在構建個人責任方面，便有矯枉過正之嫌。辛格不但不認為幫助別人的良好意願值得稱讚，反而只着重如何重新安排每人（尤其是富豪）的財產運用，以及譴責未有完全配合以扣除月薪方式來扶貧的中產人士。這種着重均化過程的後果主義，引伸出很多問題。例如，私有財產的恰當運用是否應單單由扶貧項目主宰？就算這裏的扶貧意味着拯救生命，問題仍然存在：為甚麼我們不應先照顧在自己社會出現的赤貧民眾，而要協助生活在遙遠地方、文化不一樣的民眾身上？以香港為例，據香港社區組織協會在

2012 年的統計，香港的貧窮人口高達 115 萬人口，即大約每六至七個香港人中便有一個生活在貧窮線或以下。香港的貧富懸殊差距更冠絕亞洲，在全球排行榜第 5 位。[20] 至於中國大陸，赤貧人口便有 1 億人以上。在未解決香港及中國大陸本身的貧窮現象前，我們要問：為甚麼要關心別國的問題？任何國家的人民都會很自然提出類似的問題。我們要解決世界貧窮，便要合理地回應這類問題。辛格的後果主義只着重分配個人財產，直至貧富兩極化減少或消失為止，對於如何回應這方面的問題，可謂乏善可陳。

因此，我們要令世界貧窮得以解決或改善，首先要把在自己社會與國際上出現的赤貧民眾同樣視為值得扶助的。這是要打破「你我之別」的鴻溝。如果我們能夠打破這道鴻溝，便能正面回應本文題目提出的問題：世界貧窮，與我有何關係？

唯一能夠回應這重要問題的思路，便是從「人人都是平等的」的觀念着手。很明顯，無論從教育水平、家庭背景、文化傳統、個人素質等考慮，人在很多方面都不是平等的。因此，我們要提出在某些關鍵方面，無論是出現在自己社會或其他國家的赤貧民眾，他們都有共通平等之處，而這些不會因地域不同而有任何改變的平等之處，正是我們認為他們同樣值得扶助的原因。這種思路與辛格的後果主義有着南轅

20　成報網: http://www.singpao.com/XW/yw/201211/t20121112_400931.html

北轍的差異，因為辛格的論據所着重的是捐款人如何分配財產來扶貧，但這裏要探討的理論根據，是以不分界別的赤貧民眾作為出發點。我們可以這樣說：辛格理論面對的困境，正是我們另闢新路的重要契機。

濤慕思．博格（Thomas Pogge）在聯合國教育、科學與文化組織（UNESCO）的協助下，匯聚了全球多名學者，探究如何從人權角度解決世界貧窮問題，並於2007年結集成書。[21]博格認為過往很多研究都未能聚焦到問題的核心，往往單向地以為世界貧窮就是個別國家因國內問題以致物資嚴重匱乏。他認為有幾個重要觀念並未受到應有的重視，它們是「人類尊嚴」、「公義」、「自由」和「基本人權」。博格主張我們要修正過往單純的看法，把以上的多元化觀念融入世界貧窮的本質，從而重新認識當中牽涉的「權」與「責」問題。博格期望通過UNESCO的影響力，他和其他學者的新視野能夠有效地動員國際舞台上的持份者，把世界貧窮根治。

簡言之，博格認為人類免受赤貧（或他所稱的嚴重貧窮）造成的傷害，是人權之一。[22]這是一項重要的觀點。這人權

21 Thomas Pogge, ed., *Freedom from Poverty as a Human Right: Who Owes What to the Very Poor?* Paris: United Nations Educational, Scientific and Cultural Organization and Oxford: Oxford University Press, 2007.

22 Thomas Pogge, "Severe Poverty as a Human Rights Violation", *Freedom from Poverty as a Human Right: Who owes What to the Very Poor?* Thomas Pogge ed., Paris: United Nations Educational, Scientific and Cultural Organization and Oxford University Press, 2007, pp.11-53.

的觀點（儘管博格沒有明確說明），是與公義原則有關的，即當人在行使其權利的時候，必須以不傷害或剝奪別人應有的權利為基本原則。如果在行使權利的時候，別人應有的權利因而受到剝削，那麼前者行使其所謂的權利就是一種不正當的行徑。通過不正當地行使權利而獲取的利益更是不義的。據公義的原則，任何人獲取了不義的利益，便須受到譴責及懲罰，並要糾正錯誤，在可能的情況下補償受害一方的利益及歸還其應有的權利。這是所有人在維護人權精神時所要切實履行的責任。擴而充之，這種建基於公義原則的人權思想，亦適用於國與國之間的關係上。權與責本來是一體的兩面，這不單是對人而言的，更可以應用在國際關係上。博格提出這種人權及公義的思想，目的在於證明我們有責任解決世界貧窮的問題，這與傳統理論是完全不同的。

傳統理論（包括後果主義）都以為赤貧地區是弱者，富庶國家是強者。要解決世界貧窮就是讓強者對弱者泛起憐憫之心，並施以援手。但這種強調「施與受」的思想，主觀情感意味濃厚，不但無助推動國際社會參與扶貧，亦未能解釋為甚麼國際社會有「責任」援助赤貧地區。如果我們從赤貧地區的民眾出發，並明白他們與其他人一樣都有免受害於嚴重貧窮的權利，那麼赤貧現象就是人權被侵犯的現象；這不是強者幫助弱者與否的問題，而是牽涉國際公義。赤貧地區及其民眾應該是有權向國際社會及有關法定組織（例如聯合國、世界銀行、世界貿易組織等）申訴免受赤貧之害。博格引用了聯合國在 1948 年訂下的《世界人權宣言》第 25 條及第

28 條闡釋他的想法：「人人有權享受為維持他本人和家屬的健康和福利所需的生活水準，包括食物、衣著、住房、醫療和必要的社會服務。」「人人有權要求一種社會的和國際的秩序，在這種秩序中，本宣言所載的權利和自由能獲得充分實現。」[23]

《世界人權宣言》清楚敍述了人人有權免受赤貧傷害，但並未有提供任何論證或理據。博格的理論就是要建立起有力的論據。首先，如果免受赤貧的傷害是世界任何地區的民眾的基本人權，即意味國際社會有「責任」維護這種人權。因為「權」與「責」是相對而立的。在這情況下，一般解讀都以「人道精神」為立論根基。例如在同一文集裏，湯姆．坎伯爾（Tom Campbell）便認為赤貧對人類所造成的莫大痛苦本身已足以呼籲各國投入更多資源滅貧。[24]坎伯爾以人道精神為由，主張通過聯合國訂立他所謂全球人道徵稅（Global Humanitarian Levy），使富庶的會員國有法定責任捐出一定款額，並以此作為大規模國際滅貧的方法。「人道精神」固然重要，但這與傳統思想的「強者同情弱者」一樣，都未能清楚解釋權責之間的論證關係：為何別國民眾免受赤貧傷害的「權利」與自身國家及政府有「責任」援助扯上關係？這「權責」

23 見 http://www.un.org/zh/documents/udhr。

24 Tom Campbell, "Poverty as a Violation of Human Rights: Inhumanity or Injustice?", *Freedom from Poverty as a Human Right: Who Owes What to the Very Poor?* Thomas Pogge ed., Paris: United Nations Educational, Scientific and Cultural Organization and Oxford: Oxford University Press, 2007, pp. 55-74.

關係是怎樣建立的？

在上文引述的《世界人權宣言》條款裏，其中提到人人有權要求合理的國際秩序出現，使宣言所載的人權自由得到充分實現。博格的「人權論」思路，就是從這「國際秩序」着手。一般人認為赤貧地區的形成，是由於該地區國家的內部情況不理想，諸如天氣惡劣、自然物資短缺、教育水平低落、政治腐敗、內戰頻繁等。這些「內部」因素的確反映出部分地區為何出現赤貧，但沒有全面解釋這些地區長期處於赤貧狀態的原因。博格認為，是現今的國際秩序導致赤貧地區情況持續惡化，並處於一個難以扭轉的局面。博格引述了《經濟學人》一篇文章，當中闡釋了在國際舞台上，一些富強國家如何通過建立不公平的國際秩序，以強凌弱來謀取自身利益，壓榨貧弱國家。尤其是在「關稅與貿易總協定」（GATT）框架下的「國際多邊貿易談判」（MTN），於 1986-1994 年在烏拉圭舉行的談判回合（Uruguay Round），就通過了一系列不公平的協議：

> 在「烏拉圭回合」中，富國相比窮國減免更多的關稅。從那刻開始，那些富國已發現到新的方法來關閉他們的國內市場，尤其值得關注的是，對他們所謂「不公平的廉宜」入口貨品，實施了反傾銷稅。在很多領域裏，諸如農業、紡織、服飾等，只要發展中國家最有能力與富國競爭的，那些富國便變得特別具保護主義色彩。結果……那些富國對來自窮國的製造業產品所訂下的關稅，要比來自其他富國

> 的要高達4倍那麼多。這對窮國來說，是百上加斤的沉重負擔。聯合國貿易及發展會議（UNCTAD）估計，如果富國能夠開放他們的市場多一些，至2005年那些窮國能夠每年從出口有多7,000億美元。可惜很多窮國囿於對協議缺乏專門知識，他們對在烏拉圭回合簽署的條款真正明白的是很少的。就對協議條款的無知，現在他們知道要付出很大的代價。〔25〕

博格認為現在的國際秩序根本是加劇世界貧窮的罪魁禍首。如果我們將貧窮國家本來在公平競爭的國際環境下每年可以多賺取的7,000億美元，與現在各國政府每年合力援助的千多億美元「官方發展援助」（ODA）相比，便能明白國際社會要加大力度根治世界貧窮，不是要建基於主觀意願的「同情心」或「人道精神」，而是在相對客觀的「責任」上：由於大部分富庶先進的國家在建構國際秩序（尤其是國際貿易秩序）的過程中，以不公平手段謀取暴利，令到赤貧地區情況持續惡化，因此這些富庶國家的政府有責任停止不公平的貿易安排，令赤貧民眾的人權不再直接或間接地受到侵犯。

這裏有兩點要留意。首先，嚴格來說，博格討論的責

---

25 見Thomas Pogge (2007), pp.34-35. 原文章來自*The Economist*, September 25, 1999:89.有關其他不公平的國際貿易例子，可詳見：Thomas Pogge, “Severe Poverty as a Human Rights Violation”, *Freedom from Poverty as a Human Right: Who owes What to the Very Poor?* Thomas Pogge ed., Paris: United Nations Educational, Scientific and Cultural Organization and Oxford: Oxford University Press, 2007, pp. 11-53.

任不是「積極責任」(positive duties)。何謂「積極責任」?例如,辛格要求那種個人扣除部分月薪以履行後果主義的扶貧道德責任,便是一種個人投入社會改善現況的積極責任。但博格集中討論的是「停止傷害」赤貧地區民眾的「消極責任」(negative duties)。各國政府「有責任停止」對貧窮國家不公義的干預(諸如不平等的貿易安排等),因而要糾正過往的過失,並應恢復一個真正公平的國際社會秩序。博格談及很多改變現行國際社會秩序的方案。首先,富庶國家不應再對貧窮國家訂下特別高的關稅,並要真正開放他們的國內市場。除此之外,很多現存的國際法都應修改。例如,現行國際醫藥法例,讓發明新藥的廠商自動享有20年的專利權,這無疑導致藥費高昂,使赤貧地區根本無法負擔,造成當地醫療條件非常惡劣,間接導致因貧病交迫致死的個案難以減少。2014年夏季在非洲國家爆發的伊波拉傳染病毒,便充分反映先進國家如何壟斷醫療藥物(包括在試驗階段的藥物),令受感染災區遲遲未有得到應有的醫療援助。就算先進國家受到輿論批評而願意施出援手,亦只是提供相當有限的試驗藥物,這猶如杯水車薪。另外,先進國家工業造成全球污染,引致天氣反常,令到原本依賴原始耕種的赤貧地區受到重大打擊,對此先進國家有責任作出即時補償及落實長期環保措施。再者,對現行的海洋法,應要修改法例,允許貧窮國家共享海床資源。最後,國際社會應推行全球最低工資法例,令貧窮地區民眾不會因當地廠商壓榨工資以換取外國訂單而使他們無法脱貧。這些方案的重點,是國際社會「有責任」

通過各種方法，令各地區人民所擁有的「免受赤貧傷害的人權」，不再被富庶先進國家持續以直接或間接模式破壞和侵犯。

第二點是要回應本文題目：世界貧窮，與我有何關係？既然免於赤貧是全球人類的人權，那麼無論這赤貧現象發生在自己國家還是別的國家，都應加以杜絕。純粹以赤貧現象而言，無論它出現在任何地方，都是人權被侵犯的「惡」，我們須要制止它，以此維護人權及彰顯公義。當赤貧現象發生在自己國家裏，我們當然有責任遏止它，但這並不表示當它發生在其他國家裏，我們便沒有責任阻止它出現。相反，我們「同樣」有責任遏止它。但在人人同樣應受到人權保障的前提下，我們不禁疑問，自己不是應先對自己國家的赤貧同胞施以援手才對嗎？不是當我們猶有餘力，才顧及別國的赤貧現象嗎？對此的回應是，我們當然有責任拯救同胞免受赤貧之害，但我們同樣要對其他地區的赤貧民眾「負責」。博格的論據就是要證明我們對解決世界貧窮的問題上有責任——即是要通過改變不公義的世界秩序來停止對赤貧民眾傷害的責任。當然，這宏大深遠的責任是要通過改變國際秩序達成，不是單以個人能力可以促成的，但博格要指出的是，當每一個生活在富庶先進國家的人，過着不同程度的豐盛物質生活的同時，應明白這一切或多或少都是源於他們的政府在國際舞台上以不公義方式向貧窮國家榨取得來的。從這角度來看，我們無法完全否認在製造或延續世界貧窮的現象上，我們是不公義的國際秩序裏那千絲萬縷的利害中的得益者。在解決貧窮的挑戰面前，無論是對赤貧同胞履行「血濃於水」的責任，還是要糾正自身政府在國際上不公義的行為，我們同樣有責任施以援手，阻止人權繼續受到侵犯。既然在這迂迴的論證過程中，我們發覺有責任遏止世界貧窮的現象，那麼在個人層面，我們可以怎樣協助世界各地的赤貧民眾？

結論

對博格而言，解決世界貧窮的方法，最終需要各國政府以至國際社會上的互相協調才能成功。從國際公義及其牽涉巨大金額的角度來看，博格的觀點自有其可取之處。至於在個人層面上，我們可以怎樣幫助赤貧民眾？博格沒有深入探討這方面的問題。但有一點是相當明顯的：如果富庶國家的政府（尤其是那些在國際秩序裏的既得利益者）沒有國內民意推動，他們是不會主動扭轉不公義的國際秩序。所以在個人層面上，我們應以推動國內政府參與改變不公義的世界秩序為己任，例如通過投票選出在這方面有相同理念的候選官員政客，甚至在教育方面，爭取將世界貧窮及我們的責任納入課程內，提高公民對此方面的意識及認知。另外，到了政府真的因為民意而嘗試改變不公義的國際秩序的時候，我們要明白自己國內各生活層面，包括物價以及稅率，都會無可避免地受到影響。這正是個人支持糾正國際不公義的秩序所要履行的「消極責任」。

誠然，要改變國際經貿秩序是一個艱巨而漫長的過程。

在新的國際秩序未出現之前，個人應以維護赤貧民眾的人權角度出發，明白我們現在享有不同程度的豐盛物質生活，是世界貧窮持續存在的「結果」，從而積極通過非政府機構捐助赤貧地區。這種捐助的出發點，是在各國政府尚未履行他們「停止傷害」的「消極責任」之前，自己首先提出參與的積極精神。這裏的理念是客觀的「人權」與「公義」，有別於主觀的「同情心」或比較抽象的「人道精神」。對於世界貧窮，最終的解決方法是要歸結到國際重組經貿秩序的層面上，所以個人捐款是紓緩當下迫切情況的有限措施。這裏主張的個人捐款不會規定金額，而是因應個人意願，並會視之為個人行善的努力表現。因此無論捐款多少，都是值得我們稱讚的個人善舉。這點很明顯是異於辛格鼓吹個人捐款作為基本的道德責任。辛格的一刀切論證方式，着重批評不捐款或捐款未達標的人猶如殺人兇手一樣卑劣。我們這裏追求的是博格提出的新國際秩序，個人不單有責任推動政府參與，更應憑個人自由捐款，協助赤貧民眾。由於個人的捐款行動會被視為助人的德行，它可與其他德行一樣磨練及提升道德人格。我們在個人捐助行動上每多行一步，便能愈趨近理想的道德人格。對解決世界貧窮的問題，我們的參與不單體現公義，而且能提升個人的道德涵養。[26]

綜觀而論，世界貧窮怎能與我無關？

26　對於此處批評辛格的「一刀切」論證模式及如何應用培養道德人格的原理，詳見拙文：〈貧窮、死亡與責任〉，《濠江哲學文集》，岑慶祺編，保定：河北大學。2002年。

人口政策
——質與量以外的考慮

莫家棟

引言

世界各國的人口政策一直是聯合國關注的對象。聯合國轄下的「經濟和社會事務部」（Department of Economic and Social Affairs）設有一個「人口司」（Population Division），負責收集和更新各國的人口政策和措施。自 1974 年起，歷次的聯合國國際人口會議（United Nations International Population Conference）都十分重視監察各國的人口政策和相關計劃，以評估他們是否向着「增進福利」和「促進可持續發展」這兩個總目標進發（United Nations, World Population Policies, 2013, p.41）。

「人口政策」泛指政府在人口數量和增長、人口的年齡結構、生育率、家庭計劃和人口遷徙等方面的政策和措施（United Nations, 2013, p.3）。根據這個定義，聯合國發表了名為《世界人口政策 2013》的文件，介紹了 197 個國家在人口方面的政策和措施，點出了各國政策的特點，並勾劃出不同國家的人口發展趨勢。這並不表示所有被觀察的國家都有具體、鮮明和積極的人口政策。眾所周知，不作為（inaction）其實都是一種作為（action）；沒有政策（lack of policy）也可能是一個刻意的政策選項（policy option）。

在過往一段長時間，「人口政策」或多或少給人負面的印象。首先，國民的生育、遷徙或組織家庭等決定，一般認為是屬於私人領域，若要透過立法、政策工具或賞罰措施來規管或匡正，難免帶有家長主義的味道。其次，這些政策好像預設了國民不能在生育、移民和家庭計劃的事務上作出合適的決定，這與人民可以為其最佳利益作理性選擇的信念格格不入。以英國為例，直至九十年代中都一直奉行「不干預」的「政策」。在 1984 年墨西哥和 1994 年開羅的聯合國國際人口會議上，英國都申述同一立場：「英國政府並無人口政策，無意影響人口的多寡及其年齡結構。…… 人口老化或許會帶來一些社會和經濟層面的衝擊，但問題應可解決，因為社會自會適應這些轉變。」（Cangiano, 2012）對當時的英國而言，「沒有政策」是一個合理的政策選項。

然而，千禧年之後政策有轉向的跡象。時任在野黨黨魁卡梅倫（David Cameron）〔由 2010 年開始出任首相〕，於 2007 年率先提出英國政府要有一個明確的人口策略（population strategy），並嚴辭批評當時執政的工黨政府無人口政策可言（Cameron, 2007）。這當然不是英國獨有的現象。在人口政策上「有所作為」，在已發展國家當中是一個頗為明顯的趨勢。根據先前提及的聯合國《世界人口政策 2013》，在已發展地區當中，49%的政府有制訂政策以提高人口增長率，1996 年的時候，相關數字只是 23%（United Nations 2013, p.48）。此外，超過三分之二的已發展地區政府有針對提升生育率的政策，相比 1996 年時的三分之一有明顯增加。就增加外來移民方面，有相關政策的政府也由 1996 年的 2%大幅增加至 2013 年的 24%（United Nations 2013, pp.8-9）。

上述的已發展地區當然包括好一些亞洲國家和城市，例如新加坡、香港、澳門和台灣。因應各樣的「人口挑戰」（demographic challenges），她們的政府都各自發表了政策文件或白皮書，以帶領社會各界探討應對的措施。台灣早於 2008 年 5 月就已發佈了《人口政策白皮書（核定本）——少子女化、高齡化及移民》，探討解決人口老化和低生育率所帶來的問題。生育率比台灣還要低的香港亦於 2013 年 10 月發表了《集思廣益：人口政策公眾參與活動》諮詢文件，屢邀社會各界就（低生育率和人口老化帶來的）勞動力不足的問題提出解決辦法。與香港同樣重視人才和生產力的新加坡，也於同年 1 月公佈了一份人口政策白皮書（Sustainable Population for a Dynamic Singapore: Population White Paper），闡明其人口政策所依據的價值觀，並承諾會加強原有「婚姻與教養支援計劃」（Marriage and Parenthood Package）的各項措施，以鼓勵國民結婚和生育。即使只有幾十萬人口的澳門，亦於 2012 年底發表了一份名為《人口政策框架諮詢文本》的文件，點出澳門的人口特質和挑戰，並提出其人口政策的目標和相關的政策建議。

人口政策所涉及的道德爭議

如上面所述，「人口政策」其實是一籃子的政策，包括移民政策、（輸入）勞工政策、（照顧）老人政策，以及促進生育政策。關心政策有效性的會質疑通用的促進生育措施能否有效鼓勵生育；着眼公共財政的會擔心某些老人政策在資源方面的可持續性；從政治可行性出發的當會考慮吸納移民會否觸怒選民。然而，政策在政治上是否可行、實際上是否有效，並不是本章的主題。這裏所關心的是政策的道德面向（moral dimension），要探究的是有關政策方向及其背後的價值觀在道德上是否站得住腳，會否有違公義，能否貫徹對其他人的基本道德責任？

當已發展地方在擘劃他們的人口政策時，不外乎構思如何吸納或製造適當數量（quantity）和具備理想質素（quality）的人口，以促進或延續當地一直沿襲的發展模式。其實，發達國家向外吸納專才以提升本國人口質素，輸入低技術勞工去代替本地人做那些令人不太愉快的工作，乃至增加人口總量以打造超級都會，都是各國行之經年的做法。然而，我們不應假設慣常的做法就一定「行之有效」，況且有成效也不等於有道理。尤有甚者，看似會令一部分人受益的政策有可能是建築在對另一部分人的不義之上。那種依賴外來人口，以整體人口的質與量為依歸的人口政策，涉及最少三個與公義有關的議題：（一）向發展中國家或地區輸入人才究竟是體現人盡其才的精神還是另一種人才資源的掠奪？（二）將我們不樂意承擔的工作交託給外來人口，是一種合乎效益的職權下放（delegation of work）抑或是放棄一己的責任（forsaking of duty）?（三）增加人口總量在提升勞動力的同時，會否進一步拖垮本地的生物承載力（biocapacity），並加劇已經十分嚴重的生態透支（ecological overshoot）? 因篇幅關係，下面只會討論頭兩項。

一個有道德關懷的人口政策其實並不要求我們專門利人而毫不利己，但起碼不要在利己的同時為別人（或別國）帶來更大的傷害或更深遠的不公平。再退一步，即使我們的人口政策只能做到專門利己毫不利人，我們也要確保這些政策能夠促進自己人的真正福祉，而非將我們繼續困在一種不理想和不可持續的生活方式當中。

人盡其才還是人才的掠奪？

首先，讓我們看看輸入人才帶來的道德爭議。根據聯合國全球人口遷移數據庫（United Nations Global Migrant Database），國與國之間的移民由 1960 年的七千五百萬增加至 2010 年的二億一千四百萬。若考慮到全球人口不斷增長，這五十年間的移民比率也只是由 2.5%上升至 3.1%。換言之，全球人口流動一直存在，不須大驚小怪。但值得關注的是，由發展中國家遷移至已發展國家的人口由 1960 年的一千萬大幅上升五倍到 2000 年的五千五百萬（Docquier 2014, p.2）。更重要的是，從發展中國家流向已發展國家的有不少是有技術和有一定學歷的人才。這種國際間的人力資源轉移現象，尤其是由相對貧窮國家向富裕國家的轉移，一般稱之為「腦力流失」（brain drain）。

這種流失在某些國家是十分驚人的。根據OECD的數字，圭亞那（Guyana）、牙買加（Jamaica）和海地（Haiti）於2000年的時候，分別有約77%、73%和68%的大專學歷人士移居到OECD國家（OECD 2008, p.69）。非洲是另一個「重災區」。贊比亞（Zambia）、塞內加爾（Senegal）、剛果（Congo）、加納（Ghana）等也流失了15%到32%不等的大專畢業生。最令人不安的是醫護專業人員的流失。在全球醫生護士短缺的情況下，高學歷、懂外語和受過專業訓練的醫護工作者自然是富裕國家積極吸納的對象。結果是：1985至1994年間約有一半加納訓練出來的醫生已經離國（Brock 2015, p.38）；1995至2004年間，更有高達69%在加納受訓的醫護人員移民他國（OECD 2008, p.72）；在贊比亞一千二百萬人口中，只有646個醫生和約6,000個護士，但就有461個護士於1998至2003年間受聘到英國工作，而每年畢業的醫生也有一半移民（Oberman 2013, p.429）。難怪在撒哈拉以南非洲地區（Sub-Saharan Africa，又稱下撒哈拉或黑非洲），病人與醫生的比例是每十萬人中有20個，與已發展地區每十萬人有225個相差十倍有多（Brassington 2012, p.114）。

「腦力流失」究竟有甚麼道德爭議呢？從人力市場的角度看，這種個人去或留的取捨，如果是出於自願，根本不應該引起爭議。而崇尚個人自由和自主的自由主義者，更會認為這種人才遷徙和流動正好體現個體的自主抉擇，並突破邊界所製造的不公平，所以是道德上可取的。(相關觀點詳見Carens 1987, Lomasky 2001, 和Wellman & Cole 2011）。然而，從效益的角度看，這種輸出國（sending countries）容許人才自由流通、輸入國（receiving countries）積極吸納發展中國家專才的政策，孰優孰劣實難一概而論。對那些人才而言，得以流動到他們認為是理想的地方，能夠一展所長並賺取較佳入息，肯定會帶來極之正面的效益。對於輸入國，能夠吸收一批現成的人才，簡直是補充人力資本的捷徑，所以百利而無一害！

但對於人才輸出國而言，「腦力流失」的後果則好壞參半。綜合各方專家學者的意見（Brock & Blake 2015, Gibson & McKenzie 2011, Docquier 2014, OECD 2008 etc.），比較容易估算和量化的後果有以下幾方面。首先，人才流失意味着以往投資在人才培訓的寶貴資金浪費了。此外，這批擁有高學歷和穩定收入的專才，原本是國家重要的稅收來源。隨着他們離去，國家財政收入難免受到影響。而最直接的打擊要算是基礎社會服務進一步削弱。上面提到，最容易流失的正是原本已經十分缺乏的醫護人員，當這些專才移居到已發展國家，他們原居地的醫護服務肯定雪上加霜。以加納為例，在 1998 至 2003 年這段期間，隨着醫護人員移民他國，該國的嬰兒夭折率和孕婦死亡率亦同步惡化（OECD 2008, p.73）。然而，支持人才自由流動的人認為，「腦力流失」在其他方面會為人才輸出國帶來好處。第一，如果學歷、專業技能和經驗是出外發展的重要踏腳石，有志到國外一展抱負的普羅大眾自會有強烈的誘因去提升學歷和接受專業培訓。到最後，當然不是所有專才都可以如願到國外發展，但即使他們移民不成，那個對移民機會的期盼（prospective migration）已經有效鼓勵他們成為專才，變相促進了國家的人力資本形成（human capital formation）。因此，支持者的如意算盤是，一部分的「腦力流失」（brain drain）絕對有可能催生另一部分的「腦力增長」（brain gain）。第二，這些專才雖然人在國外，但仍可能心繫故國，並與家鄉保持着千絲萬縷的關係。除了常見的直接匯款回鄉接濟留在國內的親戚朋友外，他們通常都可以發揮所謂國外僑民的網絡效應（diaspora network effect），充當人才輸入國與輸出國的連繫人，促進兩國之間的商貿以及知識和技術的轉移。第三，這些出國的專才並非一去不返，所以有所謂移民返鄉（return migrant）的現象。當這些專才回流時，他們會將日益精進的技術和國外習染到（假設是比較可取）的態度、價值觀和做事方式一併帶返母國。

如果只將受過高深教育和專業培訓的人才視作人力資本，每個國家應該可以根據其實際情況作評估，以決定將人才留在國內還是讓他們流往他國對本國的收入、商貿活動、社會服務水平等最為有利。然而，不容忽略的是，人才流失對輸出國有一項難以準確估算但又十分實質的影響。據Gillian Brock所講，專才不單只是促進經濟增長的人力資本，更是一個國家建立有效制度所依賴的資產（institution–building assets）（Brock 2015, pp.38-40）。那些人才輸出國之所以面對腦力流失，不全然是因為貧窮和缺乏工作機會（專才在其國內已算是最有競爭力的一群），而是其制度上的缺陷：貪污、官僚主義、經濟上的剝削、政治上的不義等等。因此，這些國家最需要的是可以改變和建立良好制度的知識階層，而非真金白銀的稅款、匯款或外來投資金額。明乎此，隨「腦力」所流失的其實是一個國家改革其結構性問題和建立一個基本公平制度的動力。當然，我們不能肯定，這些專才若留在國內最終會帶來改變還是逐步變成制度的一部分甚至既得利益者。我們只能合理地期望，這批有一定教育水平和受過專業訓練的人才，對透明度、問責性、程序公義、法治、公平競爭、平等機會等良好制度的基本要素，有較深的認識和較大的堅持，從而成為「良好制度求與供的重要來源」（“important sources of demand and supply for better institutions”）（Brock 2015, p.63）。因此，從效益的角度看，人才流失最令人擔憂的不是可以估算的財政損失，而是改革的中堅力量流逝，令到制度停滯不前，唯有繼續依賴外流人才的扶助。

基於以上的認識，尤其是人才外流所可能引致的負面後果，有兩個更為明顯的公義問題須要面對。首先，那些意欲移民到已發展國家的專才，他們享用了發展中國家（即其母國）珍貴的教育和培訓資源，得以成才。如果沒有作出補償或相當的貢獻就帶同其技術和學識離去，則好像「單方面的將公共財產私有化」（“unilaterally privatize the public good”）（Brassington 2012, p.118），對其國家和人民實有所虧欠。有論者甚至認為，他們不單未有感恩和回饋，他們的離開更令基礎服務更加缺乏、改革希望更加渺茫，變相將沒有能力離開的人們置於更艱難的處境，並無奈地獨對人才大量流失所造成的爛攤子（Brock 2015, p.68）。當然，支持人才自由流動的人可以反問，為甚麼教育和培訓機會由一項基本社會服務變成一份須要作出回報的饋贈？他們甚至會認為，國家的困境不是由人民造成的，一般人爭取自由和改變自身命運的權利應該淩駕他們留下與其他人一同面對困境的義務。

除了去國的專才外，接收他們的已發展國家（即輸入國）也同樣面對道德責難。誠然，對意欲外流的人才來說，輸入國是成人之美；但輸出國難免會覺得是在為人作嫁衣裳，並視這種以吸納他國人才為主要目標的人口政策為坐享其成之舉。然而，坐享其成本身不一定涉及不公義。例如一間一向水準比較低的學校難得培養出一位卓越的學生，但這位學生選擇轉投到一間名校繼續升學。這間名校某程度也是坐享另一間學校的老師勞心勞力的成果，但我們一般只覺得有點可惜，並不會作出違反公義的指控。皆因我們接受學校之間必然有差異這個事實，甚至會鼓勵普通學校中的卓越學生向上流動到名校，好讓他們在與精英學生的競爭中不斷進步，而非強留他們在一個平庸的學習環境裏面。而這些能夠培養出小量卓越學生的普通學校或許也樂於成人之美。

不過，學校之間的差異和國與國之間發展步伐的差距不能同日而語。對於學校之間有不同的定位或使命，有些專注拔尖，另一些負責補底，可以視之為各展所長的合理分工。

但是，當已發展國家不停吸納發展中地區僅有的人才時，我們不禁要問，這是後者的無私奉獻，還是前者對後者的剝削？從全球公義（global justice）的視角出發，有些學者覺得國與國之間的巨大差異（從而導致某些國家的貧窮）本身就十分可疑。如果這些巨大的差異源於之前的侵略或殖民統治，或者是當前不公平的國際商貿或金融秩序，本身就構成不公義（Pogge 2002）。若然在原有不合理的差異未獲減輕或補償的情況下，已發展國家就（主動或被動地）將發展中國家珍貴的人力資源據為己有，兩者的差異只會日益擴大，是對發展中國家的二次傷害，所以是雙重的不公義。

然則已發展國家以吸納發展中國家的人才為目標的人口政策必然是不公義的嗎？這也未必。有學者認為關鍵是，受「腦力流失」影響的人才輸出國有否得到合理的補償（Brassington 2012, p.119）。其中一個建議是向移民及接收他們的國家徵稅，用以補償人才流失國在人力資本、公共服務和財政收入上的損失（Brock 2015, pp.70-72）。不過，此等稅務補償計劃有一個致命的弱點。稅款或許可以填補有形的損失，甚至拉近輸出國和輸入國在收入上的差異，但對兩者在制度上的差異則恐怕無能為力。只要人才不停流失，即使稅款、匯款源源不絕，推動制度改革的力量依然難以匯聚，也就更難擺脫依賴和為他人作嫁衣裳的命運。因此，已發展國家在吸納發展中國家人才的時候，要評估這樣的人口政策會否對輸出國的發展水平和制度建設帶來沉重的打擊，以免變成另一種資源的掠奪。

可以放下的擔子，還是難於放下的責任？

已發展地區人口政策中的另一環是從外地輸入低技術工人。新加坡的 2013 人口政策白皮書毫不諱言，當新加坡人逐步提升自己以勝任高技術的工種，更多的低技術工作將要由外地人接手，並期望外地勞工在新加坡提供護理、老人和家居服務（"healthcare, eldercare and domestic services"），以支援老化的人口和需要全職工作的家庭。香港的 2014 人口政策諮詢文件也明確提出，外地勞工可以為安老院舍（"residential care homes for the elderly"）和殘疾人士院舍（"residential care homes for persons with disability"）提供所需的人手。可以預見，在人口不斷老化的情況下，不少國家和地區只會更加依賴外地勞工去照顧人數不斷增加、機能日漸衰退和病痛有增無減的長者。這種依賴看似無傷大雅，但細看之下，或會發覺這是建基於一些大有商榷餘地的假設之上。

一個常見的假設是，照料虛弱、有各種病痛，甚至沒有自理能力的老人家是一件苦差（hard work）。具體的工作雖然並不危險，但頗為粗重，也帶點厭惡性。所以，有一定教育程度或有點專業技能的人都不屑為之。而信奉市場法則的人則會進一步假設，這類苦差順理成章可以由低技術的外地勞工來擔當。將最不討好的工作分派給最沒有議價能力的人，這絕對是市場運作下的「合理」分配。但有論者認為，此種「負面低下的工作給予負面低下的人」（"negative people for a negative good”）的想法是極其冷酷的（Walzer 1983, p. 166）。它的冷酷在於認定社會上有一些人，非因他們犯了甚麼罪，只是基於他們的學歷、技能、出身、議價能力，就「理應」承擔那些粗重、厭惡、令人沮喪甚至失卻尊嚴的工作。對於Michael Walzer而言，具有正面價值的物品可以根據相關的分配準則，以決定誰應該得到多一些還是少一點；但基於人人都應該享有平等尊重和尊嚴的考慮，我們實難斷定那些只具有負面價值的苦差是誰人所「應得的」（“positive goods have, perhaps, their appropriate destination; negative goods do not,” Walzer 1983, pp.182-183）。因此，他主張這些不能逃避但又人人敬而遠之的工作應該由公民共同分擔或輪流負責，而非將之完全加諸於沒有議價能力的人身上。循此思路，他應該會反對依賴外地勞工去擔當照顧老弱傷殘這件苦差。

對上述看法可以有兩個截然不同的回應。仍然想依賴外地勞工的一方可能會坦然承認，照顧老弱傷殘確是苦差，但當中的負面元素可以透過改善待遇和工作環境去中和或補償。他們甚至相信，只要有恰當的管理和營運模式，即使從事低下工作也不會令人失去尊嚴。是的，Walzer 也有提及三藩市垃圾收集工作這個例子。雖然工作本質上是危險和令人厭惡，但透過民主的機制，讓員工集體擁有公司（因此沒有所謂管理層），粗活由所有員工（同時是股東）共同分擔，從而令員工對自己的崗位有一定程度的榮譽感（Walzer 1983, pp.177-178）。但諷刺的是，如果已發展地區願意在苦差的分配上作出這樣大的改革，將苦差變成一件雖則是辛苦但整體上條件不錯的差事，相信不愁沒有本地勞工樂意承擔，到時恐怕輪不到外地人來競爭。說穿了，是我們不願意改變這些工作的厭惡本質，更加不情願分擔一部分，才會有引入外地勞工的念頭。

然而，想深一層，我們為甚麼要先假定照顧老弱傷殘必然是一樣低下和厭惡的工作？會否是全為了證實這樣的工作不是「我們」應得的，而是「他們」應做的？當然，這種看顧和照料的工作是極為辛勞的，也往往吃力而不討好。但這份差事之所以為苦，很大可能是因為照料者要看顧的是與其非親非故、甚至是在語言文化上有明顯隔閡的陌生人。如果照料者只是因為其缺乏議價能力而要做好這份苦工，其厭惡之情只會更深。反之，如果由「我們」即已發展地區的人們來照料自己的老弱傷殘者，即使這份仍然是一種苦差，但如果是出於對其親屬的關顧和責任（而非受人錢財替人消災的無奈），應該不會被視為低下的工作。

上面提到，新加坡是期望外地工人從事 eldercare 的工作，香港也預計外地勞工在 care homes 裏面工作。如果兩地的政策制訂者都認真地看待 care 這個字，他們應會同意這不單是一般的起居照料，而是以愛護的心態去關懷能力日益衰退的長者。這當然不是一件輕鬆易辦的工作，但起碼它本質上絕非低下厭惡，反而是一項有意義並可以令人委身的事工。明乎此，我們不應完全依賴外地勞工去照料老弱傷殘者，不是只因為我們不想將低下的工作加諸他們，剛剛相反，我們應該擔心，這群外地人對被照顧者缺乏認識，更沒有多少情感上的連繫，甚至還有語言和文化的阻隔，又怎能有恰當的能力、合理的動機和高於平均的意志，去勝任這份要有相當技能和承擔的工作？更重要的是，當我們認清楚這件苦差的本質，並了解到我們與這群被照顧者的密切關係(不論是文化、經濟、政治，甚至是血緣上)，我們或許要誠實地承認自己才是最適合和最應該（deserve）擔當這項工作的人。

誠然，已發展地區的人們可以有多個理由去擔起作為照顧者的責任。不論是基於對親人的孝道（filial piety），對曾經協助我們的上一代有回饋的責任（duty of reciprocity），還是對份屬同胞的一份基本關懷，都足以支撐我們盡量親力親為，而非假手於陌生人。但很明顯，大部分人都萬般不願意，對於要負起這個責任都覺得十分為難。這個當然可以理解，因為在大部分已發展國家和地區當中，主流的經濟制度都假設成年人(尤其是有一定學歷和專業技術的)在正式退休前，都在做(或者在尋找)一份全職工作，並努力建立自己的事業（career），哪有多餘的時間和精力去擔任照顧者（carer）。主流的勞動市場似乎告訴我們，成就自己的事業和成為照顧者是互相排斥的，你只能在 career 與 carer 之中任選其一。而在「事業為尚」和「只有全職和長期不間斷的工作才會有事業」的觀念主導下，我們一直以來都理直氣壯地選擇事業，並樂於將照顧者的角色留給社會上的弱勢群體——以前是本地的婦女，現在與將來是外地勞工(當然很大可能都是以婦女為主）。

問題是：主流的制度和觀念能否不變？應否不變？新加坡和香港的政策制訂者似乎覺得可以維持現狀，所以他們的人口政策旨在輸入足夠數量的外地勞工去成為照顧者，好讓本地的成年人可以繼續安心專注發展他們的事業。但事實擺在眼前，人口老化意味着被照顧者的比例愈來愈高，他們要被照顧的年期也愈來愈長，對照顧者的需求將會大幅增加。如果我們開始懷疑外來的陌生人是否適合擔任照顧者，思索對我們熟悉的老弱傷殘者是否有不可推卸的照顧責任，並反思我們希望這批被照顧者有怎樣的生活質素，我們就該質疑：所謂行之有效的經濟制度和工作文化會否已經失效，令到我們要放棄應有的責任？當然，成年人不可能完全放棄工作；但事實的另一面是，當成年人去到事業的中後期，他們的上一代已可能逐漸變成被照顧者，究竟他們需要的，是可以免除他們照顧者責任的人口政策，還是可以讓他們分擔（即使是部分）責任的經濟和勞動制度？同時，我們也需要問清楚自己，有充足的收入去將照顧者的責任外判，還是有充裕的時間去承擔（部分）照顧者的責任，可以讓這一代和上一代人生活得更好？

今時今日，已發展國家和地區都已經視「家庭友善」（family friendly）政策為理所當然，普遍要求僱主在聘用模式、上下班時間和假期安排上提供彈性甚或創新的選項，好讓為人父母者可以兼顧工作和照顧子女的責任。同樣道理，到子女日漸長大，仍然要工作的父母也已踏上事業的高峰，他們需要的可能是另一種的「家庭友善」政策，好讓他們可以在 career 和作為 carer 之間取得平衡，既可以回應事業的召喚，也不忘照顧者的責任。

但這樣的制度改變實際可行嗎？如果視之為福利措施，即一方得益另一方受損的資源再分配，有人或許會認為是奢侈甚或貪得無厭的訴求，不可能得到不同持份者的認同。但看深一層，這樣的改革並不是為人們爭取更多可以用作享樂的時間和資源，而是可以容許他們（起碼部分地）參與一份「苦差」、負起一個重擔，所以並非完全是傳統意義下的福利。這樣的「家庭友善」政策叫價之高，非因它是一項昂貴的福利措施，而是它意味着經濟和勞動制度要改變其基本設定（default position）：由以往設定成年人只是有經濟需要的個體，到後期開始確認人們有生育的需要和養育的責任，再到現在要承認在新的人口特質下大部分人在一段頗長的時間內都無可避免地要背負照顧者的責任。當我們認識到這其實是一個關乎設定的問題，而我們又覺得新的設定是合情合理的話，我們自然有理由去爭取有關法規和政策的改變，好使他們符合新的設定。回到實際可行的考慮，改革從來不易，改變也不是一時三刻可以順利實行，但重要的是，面對人口老化的已發展國家確有「實際需要」去改變，好讓照顧老弱的責任不至過於錯配。

現在，我們應該很清楚依賴外來勞工作為照顧者的人口政策所面對的困局。如果將照顧老弱看成是低下厭惡的工作，將之完全交給議價能力低的外地勞工，恐怕有違平等尊重的原則；然而，如果意會到此等工作雖然辛勞非常，但本質上是一份有要求（例如對被照顧者有認識和真誠的關懷）、有技巧和有意義的工作，恐怕我們也不敢輕率地將之交託給外來的陌生人。因此，人口政策的制訂者除了不停打外地人口的主意外，也應該思考現行制度可以怎樣改變，好讓現有人口可以被釋放去擔當（起碼一部分）照顧者的角色。

總結

已發展國家和地區之所以會制定人口政策，是因應人口特質的變化，去規劃哪一個數量和具有哪種質素的人口對其長遠發展最為有利。為了應對低生育率、勞動人口不足和人口老化的挑戰，他們普遍希望吸納外來的專才去填補人才和勞動力的缺口，並輸入低技術勞工照顧比例愈來愈高的老年人口。已發展地區憑藉比較優良的制度和生活水平，一般不難吸引來自發展中地區的各式人等加入，成為其人口政策中的一塊拼圖。這看似是一個人盡其才的雙贏局面。然而，從上面的分析我們可以看到，表面上的各得其所其實暗藏着人力資源的再分配。這種再分配結果可能是：隨着人才流向已發展國家，那些未能離開發展中地區的人們會被置於更加艱難的境地。因此，已發展國家在制定人口政策時，應該考慮到吸納人才的同時會否對留下來的非人才帶來更大的不公義，並反思其長遠發展為何要建立在長期坐享他國的人力資源之上。此外，對於輸入外地人作為照顧者，表面上是一項德政，因為可以大大地紓緩全職工作者的照顧責任。但已發展地區的人民應慎重審視照顧老弱者這份工作的性質和意義，以決定這是一個可以輕易放下的擔子，還是一份不應輕率放下的責任，並同時反思：究竟是一個可以讓人們負起多一點對親人的責任的制度，還是一個將之交託給陌生人的政策，可以讓人們生活得更好？

參考資料

Benatar, David and Wasserman, David (2015). *Debating Procreation: Is It Wrong to Reproduce?* New York: Oxford University Press.

Brassington, Iain (2012). What's Wrong with the Brain Drain? *Developing World Bioethics*, vol. 12, no. 3, 2012: pp.113-120.

Brock, Gillian and Blake, Michael (2015). *Debating Brain Drain: May Governments Restrict Emigration?* New York: Oxford University Press.

Cameron, David (2007). The Challenges of a Growing Population. 29th October 2007.

Cangiano, Alessio (2012). Demographic Objectives in Migration Policy-Making. *Migration Observatory Briefing*, Centre on Migration, Policy and Society, University of Oxford.

Carens, Joseph (1987). Aliens and Citizens: The Case for Open Borders. In Will Kymlicka (Ed.). *The Rights of Minority Culture*. New York: Oxford University Press.

Docquier, Frederic (2014). The Brain Drain from Developing Countries. *IZA World of Labor*. May 2014.

Docquier, Frederic (2006). Brain Drain and Inequality Across Nations. *IZA Discussion Paper* no. 2440. November 2006.

Gibson, John and McKenize, David (2011). Eight Questions about Brain

Drain. *Journal of Economic Perspectives*, vol. 25, no. 3, summer 2011: pp.107-128.

Gibson, John and McKenize, David (2010). The Economic Consequences of "Brain Drain" of the Best and Brightest: Microeconomic Evidence from Five Countries. Policy Research Working Paper, *The World Bank Development Research Group*. August 2010.

Hong Kong Special Administrative Region (2013). *Thoughts for Hong Kong: Public Engagement Exercise on Population Policy*. Hong Kong: Chief Secretary for Administration's Office.

Lomasky, Loren (2001). Towards a Liberal Theory of National Boundaries. In D. Miller & S. H. Hashmi (Eds.). *Boundaries and Justice: Diverse Ethical Perspectives*. Princeton: Princeton University Press.

Oberman, Kieran (2013). Can Brain Drain Justify Immigration Restrictions? *Ethics 123* (April 2013): pp.427-455.

OECD (2008). *The Brain Drain and Negative Social Effects*.

Pogge, Thomas (2002). *World Poverty and Human Rights: Cosmopolitan Responsibilities and Reforms*. Cambridge: Polity Press.

Poston, Dudley L. Jr. and Lee, Che-Fu etal. (eds.) (2006). *Fertility, Family Planning, and Population Policy in China*. London: Routledge.

Sen, Gita; Germain, Adrienne; and Chen, Lincoln C. (eds.) (1994). *Population Policies Reconsidered: Health, Empowerment, and Rights*. Boston, Massachusetts: Harvard University Press.

Singapore Government (2013). *A Sustainable Population for a Dynamic Singapore: Population White Paper*. Singapore: The National Population and Talent Division, Prime Minister's Office.

Sun, Shirley Hsiao-Li (2012). *Population Policy and Reproduction in Singapore: Making Future Citizens*. London: Routledge.

United Nations (2013). *World Population Policies 2013*.

Walzer, Michael (1983). *Spheres of Justice: A Defense of Pluralism and Equality*. New York: Basic Books.

Wellman, Christopher & Cole, Phillip (2011). *Debating the Ethics of Immigration: Is There a Right to Exclude?* New York: Oxford University Press.

WWF (2014). *Living Planet Report 2014: Species and Spaces, People and Places*.

WWF (2014). *Hong Kong Ecological Footprint 2014 Update*.

WWF (2013). *Hong Kong Ecological Footprint Report 2013*.

台灣內政部（2013），人口政策白皮書（核定本）——少子女化、高齡化及移民，台北：內政部戶政司。

澳門特別行政區（2012），澳門特別行政區人口政策框架，澳門：澳門特別行政區政府政策研究室。

全球化
——得不償失？

甄景德、徐俊傑

引言

香港人對全球化這現象應該絕不陌生，各種與之相關的事物，如互聯網、奧運、國際品牌與環球美食，我們可能已經習以為常。此外，香港政府多年來一直強調自己是「亞洲國際都會」，假如這是名實相符的話，則香港不僅是一個位處亞洲的城市，更是世界的一部分，而世界其他國家或地區所發生的各種事情，或多或少都會對香港有所影響。

有些人或會因為香港是一個國際商貿及金融中心而感到自豪。是的，我們既可在這裏買到來自世界各地的貨品，各國的投資者也可來這裏投資及做生意，這不但使我們的生活更方便，同時亦帶來了商機與財富。因此，2005 年世界貿易組織第六次部長級會議在香港舉行時，前特首曾蔭權稱譽香港為「全球互補互惠、益處無窮的最佳明證」。不過，我們可能還記得該次會議引起的爭議：來自世界各地的示威者在會議期間以各種方式表達不滿。這難免使人懷疑曾蔭權的説法是否完全屬實：全球化真的是「益處無窮」、百利而無一害嗎？退一步說，如果有人聲稱「我們活在一個全球化的世界」，是甚麼意思？全球化究竟是甚麼？

全球化是個複雜的現象，礙於篇幅所限，本文只會集中討論與之相關的道德議題，旨在讓讀者能以批判的角度了解全球化、權力及道德的關係。我們先會介紹一宗與全球化有關的個案，並討論應該如何理解及分析它。接着，我們會探討全球化現象背後的意識形態。

「全球化」模式下的專上教育

先看看一個大多數讀者都熟悉的個案：本地專上教育。自 2008/09 學年起，香港政府實行 12 年免費強制教育，適齡學童須就讀六年小學、三年初中及三年高中課程。高中畢業後，很多學生都會申請入讀大專院校，繼續進修。在就讀大學期間，學生會選修各種不同的課程，而他們通常都會主修一至兩門學科。之後，大部分大學畢業生會進入勞動市場。香港每年都有成千上萬的年輕人經歷以上各個階段。這究竟與本文的主題「全球化」有何關係？在進一步分析之前，讓我們先了解何謂全球化。

根據學者Manfred Steger的定義：「全球化指的是一組多向度的社會進程，它們創造、增加、擴展和強化了世界範圍內的社會交流和相互依存性，同時使人們越來越意識到本地與遠方世界之間的聯繫正在日益深化。」(丁兆國譯)(“Globalization refers to a multidimensional set of social processes that create, multiply, stretch, and intensify worldwide social interdependencies and exchanges while at the same time fostering in people a growing awareness of deepening connections between the local and the distant.”)(Steger, 2013)雖然全球化是「一組多向度的社會進程」，但在日常生活中，我們最常聽到的只是其中一個層面，即經濟全球化(economic globalization)，全球貿易則是經濟全球化的例子：貨品的生產、交易與消費不再限於一個較小的地域之內，而是跨越國家與地區的界限。此外，全球化亦體現在政治層面，即涉及社會內權力是如何產生、行使及分配等問題，而在這方面最廣為人知的研究當屬跨國企業(multinational corporations, MNCs)。跨國企業之所以值得學者研究，是因為它們雖不是民族國家(nation-states)，但由於擁有巨大的經濟實力，因此是極有權力的組織，有時甚至可以影響一個國家的政策(尤其是涉及稅務、環保及勞工權益等方面)。除了經濟及政治層面，文化上的全球化也是不容忽略的一環。「文化」是關於意義如何透過不同方式去建構、表達及傳播。全球化會改變人們對自己及身邊的人和事物的看法，例如互聯網使人更易獲得各種資訊，或會改變他們固有的想法，所以有其文化上的影響力。

看過上述定義之後，再回頭細心觀察我們熟悉的教育制度，即可發現全球化對它的影響。首先，香港大部分年輕人都要學習「兩文三語」。除了他們的母語(粵語)之外，還要學習英語，而後者更是多數大學課程使用的授課語言。其次，在課程內容上，學生所學的不單與他們處身的社會環境有關，更要了解世界各國如何影響他們。以學習公共行政的學生為例，他們學習本地議題（如香港的政策與政治）之餘，亦要研讀其他課程如國際關係及其他國家（尤其是歐美國家）的政制。至於主修音樂的同學，可能既要懂得「主流」西方音樂，也要學習欣賞及分析世界其他地方的音樂。此外，互聯網的廣泛使用，使學生搜集資料及學習變得更方便，讓他們能夠不斷汲取來自不同地域、各式各樣的資訊。近年，各大專院校鼓勵學生參與學術交流活動，不少本地學生都透過交換生計劃到中國大陸、東南亞及歐美等地的大學讀書，同時也有很多中國大陸及外國學生來港求學。由此可見，香港的專上教育是「世界範圍內的社會交流和相互依存」之實例：這種教育模式可說是讓年青人投身及適應「全球化」的培訓，而學生所接受的教育及從中獲取的知識及技能，自然也反映了「本地與遠方世界之間的聯繫正在日益深化」的意識。當學生完成大學課程後，他們可能會繼續進修或是投身職場，但無論如何，他們求學或求職時要面對的競爭者不單是本地人，更可能是來自世界各地的人。這種愈趨激烈的競爭當然不止於個人，不同國家之間也經常互比高低，因此「中國經濟超越日本」之類的言論時有所聞。這說法既反映了我們處身於一個瞬息萬變的世界，也表明了世界各地的種種大小事務（如經濟狀況、人口、死亡及疾病等等）是可用各種方法歸納並互相比較的。因此，我們或會聽過有人說：「你們不僅是某一個城市或地區的市民，更需要知道自己是『世界公民』。」

上面提到英語是大學授課及研究普遍採用的語言，這可能反映了一個常見的看法：受過高等教育的人應當可以使用同一種「世界」語言，而不論我們的母語是甚麼，也要學好英語，因為只有這樣，我們才可以跟世界各地的人溝通。不過，讀者們有否想過為甚麼只有英語，而非其他語言，才是廣被使用的「世界」語言？其中一種解釋是從歷史的脈絡，將英語霸權追溯至西歐的工業革命與英美兩國的崛起，以及與之相關的殖民主義及帝國主義思潮。自十八世紀中葉起，英國及法國等歐洲國家為增加國庫收入，遂用殖民方式控制國外土地，壓逼當地原住民，以奴隸貿易、開採天然資源和種植農作物（如蔗糖、煙草和棉花等）獲利。及至十九世紀，英國率先成為工業化國家，加上早期於美洲殖民地獲取鉅利和擁有強大的海軍，可以繼續於各地逐利及建立殖民地。及後，工業化及現代化國家既為開拓海外消費市場，亦為確保國內製造業所需要的原材料供應穩定且價格低廉，於是持續向外擴張。二戰之後，歐美國家建立的殖民地紛紛獨立，在 1946 年至 1980 年期間，共有超過九十個國家脫離殖民統治。蘇聯於 1991 年正式解體，冷戰隨之結束，美國遂成了世界上唯一超級大國。（Streetset al., 2008）由上述歷史可見，在過往二百多年，英美兩國對世界各國有非常重大的影響，所以當我們提及英語成為「世界」語言這一例子時，這其實反映了全球化的現象與其他重要的概念是息息相關的，包括前述的工業革命、殖民主義和帝國主義，還有現代化、西方化、資本主義、新自由主義、消費主義及市場化等等。全球化與上述這些概念究竟有何實際的關係？我們或可參考Wayne Ellwood（2001）在*The No-nonsense Guide to Globalization*的說法：“Globalization is a new word which describes an old process”（p.12）。如果我們將全球化視為世界各國及不同地區的經濟、政治及文化交流，那麼，這種現象其實早於幾百年前已經出現了；而社會在近幾十年才開始廣泛應用「全球化」這個名詞，可能只是代表了這類涉及全球各地的經濟、政治及文化交流的情況日益加劇、速度越來越快而已。由於跨國企業、互聯網及全球暖化這些似乎與全球化有關的現象，都是源於其他歷史事件及概念，如殖民主義及工業化，因此要理解何謂全球化，我們難免先要對這些概念或事件略知一二。

有些學者認為在最近幾十年，全球化速度明顯加快，程度有所加劇，而早前提及過的跨國企業則起了推波助瀾的作用。我們大概都知道，不同國家或地域之間的貿易（如絲綢之路）由來已久，但這些商業活動的規模及範圍，都難與近代跨國企業所推行的國際貿易相比。相關研究顯示，早在十多年前，跨國企業在經濟上已扮演非常重要的角色：頭200 家跨國企業聘請的員工人數少於世界人口百分之一，但它們的生意卻佔去全球整體經濟活動百分之二十八。很多跨國企業賺到的收入比一個國家政府更多，例如日本三菱集團在 1995 年賺了大約 1,845 億元，這比起世界第四人口大國印尼的國內生產總值（Gross Domestic Product, GDP）還要多。同年，全球 191 個國家之中，只有 21 個的國內生產總值是

多於世界最大的跨國企業三菱集團。(Blackwell, Smith and Sorenson , 2003)

在這種由跨國企業及國際貿易所推動的全球化過程，其中一個較為顯著的特徵是市場化(marketization)。市場化是指我們的生活各個層面(如政治及文化)日漸受到市場力量影響的過程，市場機制成了解決各種社會問題的基本手段。雖然市場化與全球化是兩個不同的概念，兩者沒有必然的關係;不過，在現實生活中，我們卻可發現它們關係非常密切。近十多年來，香港的專上教育越見受到市場化的影響，令教育越來越像一般商品可以任人買賣，其價值及數量則取決於買賣雙方的供求。有些人甚至認為要是教育不能被商品化(commodification)，在市場為主導的社會中會被邊緣化(marginalization)，以致有缺乏競爭力之虞。專上教育為了迎合市場需要，學生及教師(包括大學的管理人員)都不得不把教育與學習理解為類近或等同於自由市場中的商業活動。現時，香港有八所大專院校(香港城市大學、香港浸會大學、嶺南大學、香港中文大學、香港教育大學、香港理工大學、香港科技大學及香港大學)的經費主要來自大學教育資助委員會(教資會)的撥款。教資會肩負眾多使命，既要維護各所院校的學術自由及自主，亦負責監察院校的表現，並且「促進院校在各有關方面致力達致具國際競爭力的水平」，同時也希望香港高等教育界能成為「區內教育樞紐」並推動香港的經濟及社會發展(“the education hub of the region”driving forward the economic and social development of Hong Kong)。

(大學教育資助委員會，2007)類似的用語亦可見於香港其中一所受資助的大學的校訓:「敬業樂群」。根據該校的解釋,「敬業」不但「旨在人格的培養」,更強調「專業知識」(professional knowledge),包括「現代學術的專業精神」(academic professionalism)及「專業道德」(career ethics)。所以,除了學業成就,此大學亦重視學生的事業發展(career development)及所謂「實用知識」(applicable knowledge),以希望達致「社會和經濟進步」(social and economic advancement)。結果,我們不難發現大學開設一些教授學生求職知識及技巧的課程,而商業機構與就業服務中心在大學校園內合辦招聘會及講座更是屢見不鮮。對學生來說,他們在報讀大學課程時,除了個人興趣,亦會考慮畢業後的就業前景。據估計,工商管理、護理及酒店管理等課程最受學生歡迎,是與本地勞工市場的「需求」有關:由於人口老化及醫療需求持續增加,因此亟需醫護人員;而商業與旅遊向來是香港經濟支柱,所以亦需要懂得工商管理及酒店管理的勞工。(謝楚宜,2013)這表示學生不僅把大學當作為學習知識的地方,更可能視大學教育為職前訓練;教師同樣受市場化影響,將教育學生的工作看成是培訓學生,並使之具備符合勞動市場需求的技術與能力。另一種理解專上教育市場化的方法,是看看學生會否將自己當成是「購買」及「使用」大學教育的顧客:如果他們是這樣想,他們便很可能會要求教師主動授予「有用」的知識或技能,否則會覺得「貨不對辦」,像白花了學費。在這種氛圍下,如果我們仍然覺得「知識有其內在價值

（intrinsic value），因此學生應該努力學習」，彷彿是不合時宜的。

更重要的是，現今大學採用了各種指標分類，從而計算出其世界或地區排名，這其實也表現了在全球化的影響下，「本地與遠方世界之間的聯繫正在日益深化」。以一套本土大學廣為採納的排名指標為例，當中考量的因素包括學術同業的評價（academic peer review）、國際教師及學生的比例、學術論文的質素與數量等等。這類囊括世界各地大學的排名指標，在搜集資料、分析及發表等過程中，固然用上了有助推動全球化的電子通訊科技，而指標本身對本地大專院校的運作亦有實際的影響。正如前述，教資會負責分配八所大專院校的經費，每三年發放一次的「整體補助金」（Block Grant），平均佔每所院校的總收入達四成至六成；約兩成的整體補助金撥款取決於「研究評審工作」（Research Assessment Exercise, RAE）的結果。（鍾耀華，2015a）有大學教授曾於一篇訪問表示，現行制度雖對提升本地大學的國際排名是「好大的鞭策力量」，但也對教員構成沉重壓力，「因為教資會的制度不單影響研究經費分配，這套理性準則，更會滲進大學教員的升遷聘用」：現時初入職的助理教授的受聘時期大多是六年，首三年合約完結後，便需要接受「類似RAE標準的」評核；六年後如果不能符合相關要求，便不獲續約。（亞裹，2015）同時，部分大學教員也要應校方要求，尋找與校外機構或組織（如政府部門或私人公司）的合作機會。大學教席漸漸變得像其他行業的職位一樣，不少教員都是以合約形式受聘，而他們須負責越來越多的教研工作，當中以初級教員尤甚。假如這種工作不穩定（job insecurity）是一個全球現象的話，我們應該可以在各個地區、各行各業發現它，大學自然也不會例外。另一方面以這種「邁向國際」或「面向全球」的指標判斷學術成就和相應的資源分配，表面似乎很合理，不過近年亦有多位學者指出，現行制度間接導致本地研究的衰落。（鍾耀華，2015a，2015b）例如有專研香港議題的學者計算了幾份對本地研究較有興趣的重要學術期刊內的論文，「發現在 1985 年至 1994 年間，這幾份期刊加起來，大概一年只會刊出一篇香港專題文章。近十年的情況稍有改善，但也是一年只有兩篇左右。」（葉健民，2015）究其原因，除了由於大學追逐國際排名而要求大學教員於重要學術期刊發表論文之外，也在於「學術潮流趨勢使然」：「不管以任何一個國家為案例的專門探討，也不能只從本地角度、當地具體情況去作實證分析，而是應該把它提升到一個更具跨越場景（cross contextual）意義去分析問題，以求能和更多讀者和專家產生共鳴，引發更廣泛和深入的討論。」（同上）這種學術潮流是好是壞，非本文要旨；我們想指出的是，它其實展現了本地與世界各地的聯繫日益緊密這一種意識。換言之，這種學術潮流也許亦是全球化的現象之一。

全球化對大專教育的影響也可見於不同地區的實例。近年有些英國大學為了平衡收支，取錄較多能夠負擔高昂學費的國際學生，可說是具體地展現了「價高者得」的市場邏輯。（Sherriff, 2012）香港傳媒於 2014 年 6 月下旬報道了一所本地大學有意出售轄下的專上學院，引起了關於教育與市場化及商品化的討論。(茲列舉部分報道及評論如下：馮晉研，2014；張秀賢，2014；明報社評，2014；盧一威，2014；譚樂基，2014；魯姜，2014）及至11月，該大學宣佈其專上學院將與一所澳洲大學「結盟」。有論者認為：「高等教育向來都是市場導向，或者正正是這個原因，大學所開辦課程才會出現各式各樣學科及不一學額，亦會因時制宜推出不同類別課程。(……) 同一時間，院校間亦會因應市場的需求及學生的出路而作出各種各樣的調適。」尋找海外大學合作之舉，有助專上學院「轉型」為提供學士學位的私立大學，可能是大勢所趨：過去幾年，單以報讀人數增幅而論，報讀副學士學位人數的增長遠不如報讀自資學士學位的，這可能反映了副學士的「歷史使命」快要完成，而專上學院因而亟需發展成為私立大學。(何偉倫，2014）另一方面，關注事件的學生及教職員組織質疑校方決定，指大學管理層聲稱是為了幫助旗下的專上學院的發展，因此與海外大學「結盟」，但與之合作的澳洲大學的國際排名，卻低於該所本地大學。(杜潔心，2014）專上學院是否淪為被出售的商品，並非本文想要處理的問題。我們想指出的是，市場化、國際排名等與全球化有關的概念似乎已經深刻地影響了人們的思想，從上述雙方的言論可見一斑。

全球化對我們的生活的影響，有好也有壞。以專上教育為例，我們暫時可以得出以下幾點結論：首先，這種強調學生須具備「國際」視野的教育，令他們可以接觸及了解不同地方的事物及文化，但也可能令他們削弱對本土身份（local identity）的認同及歸屬感。其次，市場化及全球化競爭逐漸變得普遍，也可見於教育界：一方面，大學生越來越覺得需要「自我增值」，令自己在勞動市場中具備「競爭力」；另一方面，大專院校也難獨善其身，要在國際排名中爭取高位。總而言之，全球化不但會影響我們的生活，更會以種種我們意想不到的方式影響到世界上不同的群體。

如果想了解全球化及其他相關的現象（如西方化及市場化）對大學教育的影響，或者我們可以換個角度，設想一種沒有受到以上現象影響的大學教育是怎麼樣的：假如學生覺得除了跟共同生活的本地居民接觸外，他們不必要與外國人打交道，那麼他們很可能認為自己無需學習其他語言及文化。又或者，假如學生沒有受到市場化的影響，他們很可能會以自己的興趣為依歸去選擇學科。即使他們選擇了一些所謂「實用」的學科，如會計或護理，也不是為了就業前景或市場需要的考量。有人認為現行的教育並非唯一可行的模式，而我們應該容許更多不同的形式及目標，例如教育可以是強調「如何讓人活得健康和快樂」。（Martino, 2014）再者，假如全球貿易及金融業對於學生處身的社會是沒有明顯影響的話，那麼他們應該不須急於在求學時期就要了解關於商貿之類的事宜。我們可以繼續想像沒有全球化及相關現象的世界是怎麼樣的，但礙於篇幅有限，所以就此打住。

全球化是否必然？

從以上的討論中，我們大概可以知道有些人會得益於全球化的過程，有些人則不然，甚至會成為輸家。是甚麼決定了這些人的成敗得失？有人可能認為是運氣，也可能是個人的才幹。無論是甚麼也好，當我們仔細考察這種現象時，總會發現一些權力關係（power relationships），而這些權力關係足以決定誰是贏家、誰是輸家，同時這也涉及一些價值（values）問題。

很多人都知道全球化徹底地改變了他們的生活，而我們總會聽到有人認為全球化是必然的，甚至可說是「自然」發生的現象，或者簡單地說成是「大勢所趨」。這種想法假設了沒有人可以改變全球化的過程，而我們可做的，就是改變自己去適應這個現象。一份可於教育局網頁下載的教材就有類似的內容：「全球化是不可避免和逆轉的潮流。它也是一把雙刃劍，有利有弊。（……）香港面對全球化浪潮，應該以積極進取的態度來進行經濟轉型。」（教育局，2010）由此可知，這種看法並不罕見。我們接着會剖析與全球化有關的意識形態，並集中討論：「全球化是否必然及自然發生的？」

在日常生活中，我們或已從不同途徑聽過各種關於全球化的論述。以下三個說法是較為常見的：

（1）「全球化與商業及經濟活動有關。」

（2）「全球化使所有人受惠。」

（3）「無人可以控制全球化的過程。」

說法（1）表面上道出了事實，因為很多人看到「全球化」一詞，通常會聯想到商業、貿易與開拓世界各地市場之類的事情。不過，如果參考上一部分提到的定義及例子，我們可以知道這個說法有誤：除了經濟方面，全球化也影響了政治及文化等層面。這說法最大的毛病，是似乎假設了商業活動對政治、文化及環境等方面沒有任何實質的影響。不過，從眾多我們討論過的例子中，見到了相反的情況，例如跨國企業的經濟力量往往變成足以影響各地政府及人民的政治權力。

說法（2）:「全球化使所有人受惠。」似乎跟本文開首提及曾蔭權於 2005 年發表的看法非常相似。 學者Daniel Dorling指出，過去幾十年全球化過程明顯加劇的同時，世界各地人口收入不均的情況亦日趨嚴重。(參見本書〈貧富懸殊〉一文) 如果這個情況屬實，則表示全球化雖然可能為人類帶來各樣好處和使社會進步，但卻不是每個人都可以從中得益。為甚麼呢？以工廠東主與工人為例，他們都是全球化過程中的一分子，工廠東主或可因而獲利並改善他們的生活，但工人則不一定了，尤其是那些受聘於富士康這類血汗工廠的工人。孟加拉成衣業的數據或者可讓我們更了解上述的情況。2012 年，孟加拉的成衣業總值三百八十億美元，國內共有超過五千家工廠，受僱人數四百萬，當中大部分為女性，產品佔國家整體出口達八成。2013 年 4 月，孟加拉一棟八層的大樓Rana Plaza倒塌，死者超過 1,100 人。大樓內設有幾間工廠，為著名品牌如 Walmart、The Children's Place 及 Benetton 製造衣飾產品。有論者指出，跨國企業即使盡力監察當地的工廠情況，但使用間接採購（indirect sourcing）的方式委託工廠製造產品，容易出現權責不清及欠缺透明度的情況。據報工人早於事發前已經知悉大樓出現裂痕，但廠方為了趕貨，要求工人返回工作崗位，違令者會被辭退。（Sexena & Labowitz, 2013）這個例子足以說明，並非所有人都可以在全球化的過程中獲益。除了工人的處境，我們還會見到在現行全球化的模式下，自然環境很容易遭到破壞。一方面，發展中國家經常放寬規管的尺度，如降低對環境保護的要求，令企業可以減少在污染控制上的成本，藉以吸引更多海外投資。這種政策雖可能有助國家的經濟發展，卻犧牲了自然環境。更重要的是，我們為了擁有更舒適、更方便的生活和賺取更多金錢而破壞了環境，但卻未必即時受到環境災害的影響，反而可能未來幾個世代的人們才會身受其害，這對他們並不公平。由此可見，全球化或會有利於部分人；至於「全球化使所有人受惠」這個說法，則過於武斷了。

說法（3）指出：「無人可以控制全球化的過程。」驟眼一看，這個說法屬實，因為即使是國家元首，個人的力量也不能左右全球化。然而，在此我們要作出區分，要知道的是「沒有一個人可以單獨地控制全球化」並不代表「人類作為一個整體不能控制全球化」。說法（3）雖沒有明顯論及全球化是否必然及自然發生，但它暗示了在沒有任何人監察、管理及干預之下，全球化過程仍會持續下去。要清楚理解這個說法，我們需要提出幾個重要的問題。先假設沒有任何一個人能夠控制全球化的過程，然而這並不表示在全球化過程中不涉及任何有關人類的想法或選擇。我們確實很難想像如果沒有全球貿易及跨國企業，這個世界會是怎樣的光景。不過我們仍可以問：全球貿易應該以甚麼形式進行？跨國企業應有的責任是甚麼？現時的全球貿易往往涉及跨國企業默許的血汗工廠，這種情況之所以存在，肯定是人為的結果：有人選擇了這種盡量壓低成本以提高利潤的營商手法。不少人認為全球貿易涉及眾多角色，如企業、政府及消費者等等，要釐清各方責任比較困難。這也許是對的，但無可否認的是，全球貿易是全球化過程的一個重要特徵，當中更涉及人為因素，因此「無人可以控制全球化的過程」這種説法必定是錯誤的，因為人類作為一個整體，在全球化的過程中扮演着關鍵的角色。

以下再舉一個例子：世界貿易組織（World Trade Organization）、國際貨幣基金組織（International Monetary Fund）與世界銀行（World Bank）是分別負責規管、監察及促進國際貿易及其他金融活動的國際組織。如果人類真的不能夠控制全球化，這些組織也不必成立了：因為根據這個看法，反正沒有人為干預，全球化都會「自然」發生的。不過，事實並非如此。2013 年，世界貿易組織達成了所謂「峇里成果」（Bali Package）的協議，部分協定或可支援超過三十個最貧窮的發展中國家，例如免去來自這些國家的配額和關税。（Elliott, 2013）雖然有人批評這些措施只會使跨國企業得益，真正的貧苦大眾無法受惠，但無論如何，這個例子説明了貿易是一種人類活動（human activity），當中涉及人的選擇及決定。我們只要細心想想，就會發現在日常生活中，有些物品是可供我們買賣的，有些則不然，而這一切都是人為決定的結果。譬如我們（幸運地）不能在互聯網上訂購原子彈或非典型肺炎病毒，也不能購買別人為奴隸，這正好證明貿易及市場運作的原則並非自然現象：參與者要有買賣物品的意欲，貿易關係因而得以建立，而買賣物品種類往往是受限於人的決定，就如我們不能夠買到奴隸，是由於我們在道德上並不接受人口販賣，因而訂立了禁止人口買賣的法律。

那麼，我們應該如何看待全球化？支持？還是反對？這似乎沒有一個簡單的答案。全球化既然是一系列涉及多個層面的社會過程，所以它可以在各個層面展現出不同形式；面對這個複雜的現象時，我們可能會支持或反對某一種形式或層面的全球化，而不是完全支持或全盤否定它，就如有一個人可能接受因全球化而得以長足發展的資訊科技（如利用互聯網查閱學術文獻），但反對若干跨國企業缺乏社會責任的行徑（如血汗工廠），這種想法其實並非自相矛盾。因此，我們應該拒絕任何過於簡化的說法以及非此即彼的立場，例如是要求我們毫不懷疑地認同所有形式的全球化。

全球化作為一種意識形態

上述的討論揭示了一些普遍為人所接受的想法其實可以是錯誤的。但是為何會有那麼多人認同這些錯誤的想法呢？這可具有重要的意義。在一般情況下，錯誤的說法很容易會被正確的言論取代。如果有人說「平壤是南韓的首都」，我們就知道那是錯誤的說法，或會出言指正：「平壤不是南韓的首都，而是北韓的首都。」之後，那人通常會改變他的想法。然而，說法（1）、（2）及（3）似乎不是一般錯誤或不準確的說法，而更重要的是，我們從隨後的分析可以得知，人們接受這些言論多半具有在社會上或政治權力上的重大意義：當大多數人都認同這些言論，社會現狀（status quo）就得以維持，而有權力的人也會從中得益。簡言之，這些言論可說是代表了一種意識形態（ideology）或虛假意識（false consciousness）。

「意識形態」擁有兩種截然不同的用法及意思。第一種是較中性的用法，意思是一套可以反映到一個群體的價值觀、風俗及理想的概念系統（a system of ideas），也可說是某段時期的社會思潮。據Manfred Steger（2013）的定義：「意識形態可以定義為這樣一個體系，它包含了廣泛共享的觀念、模式化的信仰、具有導向性的規範和價值觀以及特定人群認可為真理的理想。」（丁兆國譯）（An ideology can be defined as a system of widely shared ideas, patterned beliefs, guiding norms and values, and ideals accepted as truth by a particular group of people.）第二種用法帶有貶義，是指一套廣為人們接受為真，卻並非衍生自理性思考的概念系統，如法西斯意識形態（Fascist ideology）、性別歧視意識形態（sexist ideology）。正如先前所說，意識形態有其社會功用，能合理化及鞏固統治階級的地位與利益，而當中更不必涉及有明顯意圖的欺騙或隱瞞。在一個社會或群體之中，不論是有權力還是無權力的人，都可能一樣全心全意地相信某套意識形態。我們尤其要留意的是意識形態的運作：首先，是憑藉製造種種假象，使人們相信有利於現時統治階級的社會制度是「自然」或理所當然的；而如果人們抱有這種想法，便很少會去質疑或批評這個制度，結果現有制度、統治階級的地位與利益都得以維持、鞏固及合理化。意識形態在另一種情況也可發揮合理化的作用，就是當人們無法知悉或了解其他思想或意念的時候，它可以把這些思想或意念排拒於所謂「主流」或「合理」的想法之外，並斥之為「極端」及「激進」。讀者要注意的是，下文中提到的「意識形態」是採用了第二種用法及意思。

先讓我們回到說法（1）、（2）及（3），看看當中有何隱含的意識形態及它在社會或政治上的意義。我們已經指出說法（1）有誤導他人之嫌，因為如果只把全球化視為一種經濟活動，那麼我們便很容易忽略了其他與之相關的層面。同樣地，如果人們相信說法（2），那麼他們可能不會批判地思考全球化這個問題。由於相信「全球化使所有人受惠」，他們或會忽略了一些在全球化過程中不能獲益或蒙受損失的人。這種說法的影響，是令我們誤以為這些蒙受損失的人根本不存在，他們的需要因而被忽視；另一方面，既然我們打從開始已不知道這些人的狀況，更遑論怎樣去改變他們的處境。要注意的是，我們在此嘗試以政治或道德的角度去思考這個議題。「那些無權無勢的人能否改變自己的境況」是一個實然的問題，要回答這個問題，我們需要訴諸事實或經驗。至於「我們應否關注他們的情況」則是關乎政治或道德：權力應該如何分配？我們身為道德主體（moral agents），應該怎麼辦？

假如人們毫不懷疑就相信說法（3），以為全球化是必然及自然發生的，那麼會有怎樣的結果？哪怕現行模式的全球化引致了多少道德及社會問題，大概也沒有人會質疑或反對這個現象吧？因為一般人多數不會嘗試改變一些看似是不可避免及自然發生的事情。基於相同的理由，也應該沒有人會質疑世界貿易組織、國際貨幣基金組織之類機構所作的決策，因為這些國際組織本身正是全球化現象的一部分。然而，正如前文所述，貿易或金融其實是人類的一種活動，難與自然現象類比。事實上，已有不少人質疑這些國際組織的地位及決策過程是否合理。以世界貿易組織為例，有學者指出其架構缺乏透明度及代表性。即使成員國是屬於較為發達的民主國家，如英國及德國，但英國仍然難以深入討論相關的貿易條款及內容。另外，成員國本身的種種差異，如幅員、人口、經濟及政治實力等等，會直接影響到其國家利益，例如加拿大、日本及美國等已發展國家擁有若干專門負責世貿事務的專家，所以在談判過程中較為有利。反觀一些較小的發展中國家，因缺乏人力及物質資源，根本無法參與組織舉辦的所有會議，也不能有效地表達意見及保障自己國民的利益，因此有人批評世界貿易組織可能會加劇現時的不平等狀況。（Kulovesi, 2011, pp.22-27）我們認為說法（3）中所表達的想法有助於維持現狀，是因為它會使人們覺得上述國際組織制定的政策和所作的決定是毋庸置疑的，忽視已發展國家及發展中國家在經濟及政治權力上不對等的情況，無形中合理化了因這些政策而受影響的人們之處境。

換言之，全球化（最少是現行的模式）並不像某些人所說，是純粹的商業活動，反而涉及種種權力關係。全球化是一個複雜而且牽涉多個層面的過程，有些人從中獲得更多權力和利益，有些人則變得無權無勢。此外，全球化在各個層面展現出不同形式，對人們的生活產生不同影響，因此它絕非一個簡單而自然的現象。反之，不同層面與形式的全球化不斷受到人為因素影響而改變，所以它決不是一個必然發生的現象。除了眼前的狀況之外，全球化作為一個過程，應該有其他發展的方式，例如我們可以質疑應否容許有血汗工廠，或是懷疑教育市場化是否必然。當然，要想像全球化可以怎樣以別的方式發展是會花費我們的時間及資源（例如需要時間搜集、閱讀及研究相關的資料、花費金錢進行研究和實地考察），不過我們認為這是值得的，因為全球化正在影響我們及數以億計的人。

參考資料

大學教育資助委員會（2007年4月3日），教資會政策，大學教育資助委員會網頁。瀏覽日期：2014年6月7日。網址：http://www.ugc.edu.hk/big5/ugc/policy/policy.htm。

何偉倫（2014年8月23日），〈院校『分拆』只為止賺離場？〉，《信報財經新聞》，C04。

杜潔心（2014 年 11 月 15 日），〈城大專上學院與澳大學結盟〉，《香港經濟日報》，A18。

亞裹（2015 年 2 月 4 日），〈甚麼制度甚麼學者——專訪馬傑偉〉，立場新聞，瀏覽日期：2015 年 9 月 12 日。網址：https://thestandnews.com/society/%E4%BB%80%E9%BA%BC%E5%88%B6%E5%BA%A6-%E4%BB%80%E9%BA%BC%E5%AD%B8%E8%80%85-%E5%B0%88%E8%A8%AA%E9%A6%AC%E5%82%91%E5%81%89/。

明報社評（2014 年 6 月 30 日），〈城大售學院變一盤生意　副學士課程前景更堪憂〉，《明報》，A02。

教育局（2010），中三歷史與文化科教材：全球化時代（教師版），瀏覽日期：2015 年 11 月 3 日。網址：http://www.edb.gov.hk/attachment/tc/curriculum-development/kla/pshe/references-and-resources/history-and-culture-s1-s3/s3/S3_5_4.pdf。

張秀賢（2014 年 6 月 28 日），〈教育不是商品〉，《明報》，A28。

馮晉研（2014 年 6 月 27 日），〈城大研賣專上學院惹爭議〉，《文匯報》，A25。

葉健民（2015 年 12 月 14 日），〈香港研究已死，真的嗎？〉，端傳媒，瀏覽日期：2016 年 2 月 15 日。網址：https://theinitium.com/article/20151214-opinion-yipkinman-hkresearch/。

魯姜（2014 年 7 月 17 日），〈萬世師表變一盤生意〉，《信報財經新聞》，A18。

盧一威（2014 年 7 月 3 日），〈假如教育是商品〉，《明報》，A40。

謝楚宜（2013 年 7 月 20 日），〈聯招改選護理工管酒店大熱〉，《香港經濟日報》，A15。

鍾耀華（2015a），〈大學走向國際，香港研究卻走向死亡？（上）〉，端傳媒，瀏覽日期：2015 年 11 月 4 日。網址：https://theinitium.com/article/20151103-hongkong-hkstudies01/。

鍾耀華（2015b），〈大學走向國際，香港研究卻走向死亡？（下）〉，端傳媒，瀏覽日期：2015 年 11 月 6 日。網址：https://theinitium.com/article/20151106-hongkong-hkstudies02/。

譚樂基（2014 年 7 月 7 日），〈以買辦心態辦學的禍害〉，《信報財經新聞》，A21。

Blackwell, Judith C., Smith, Murray E.G. & Sorenson, John S.(2003). *Culture of Prejudice: Arguments in Critical Social Science.* Peterborough, Ont.: Broadview Press.

Elliott, Larry (2013, December 18). Bali summit invigorated World Trade Organisation, says Roberto Azevêdo. *The Guardian*. Retrieved 14 November 2014, from http://www.theguardian.com/business/2013/dec/18/roberto-azevedo-wto-bali-global-trading

Ellwood, Wayne (2001). *The No-nonsense Guide to Globalization.* Oxford, England : New Internationalist; London : Verso, c2001.

Kulovesi, Kati (2011). *The WTO Dispute Settlement System: Challenges of the Environment, Legitimacy and Fragmentation.* New York: Wolters Kluwer.

Martino, Joe (2014). *This Is What Happens When a Kid Leaves Traditional Education*. Retrieved 7 June 2014, from http://www.collective-evolution.com/2014/01/07/this-is-what-happens-when-a-kid-leaves-traditional-education/

Sexena, Sanchita & Labowitz, Sarah (2013, August 10). Monitoring Working Conditions at Factories Won't Stop Future Tragedies. *The Globe and Mails*. Retrieved 18 November 2014, from http://www.theglobeandmail.com/report-on-business/rob-commentary/monitoring-working-conditions-at-factories-wont-stop-future-tragedies/article25898737/

Sherriff, Lucy (2012, September 24). Universities Are Using International Students to 'Prop Up' Their Finances, Says Migration Watch's Andrew Green. *Huffpost*. Retrieved 7 June 2014, from http://www.huffingtonpost.co.uk/2012/09/24/migration-watch-universities-using-international-students-finance_n_1908800.html.

Steger, Manfred (2013)，《全球化面面觀》(*Globalization A Very Short Introduction*)(丁兆國譯)，南京：譯林出版社。(原作 2003 年出版)

Streets, H., Kicza, J. Cann, J., van den Doel, W., Whelchel, A., Lorcin, P., Uzoigwe, G., Grimmer-Solem, E., Larsen, K., & Conte C.(2008). "Empire and Imperialism". In *Oxford Encyclopedia of the Modern World*. Oxford University Press. Retrieved 6 November 2015, from http://www.oxfordreference.com.ezproxy.cityu.edu.hk/view/10.1093/acref/9780195176322.001.0001/acref-9780195176322-e-506.

Westwood, Rosemary (2013, May 1). What Does That $14 Shirt Really Cost?. *Maclean's*. Retrieved 11 November 2015, from http://www.macleans.ca/economy/business/what-does-that-14-shirt-really-cost/

作者簡介

黃國鉅

香港大學歷史及比較文學系學士及碩士，德國杜賓根大學哲學博士，現為香港浸會大學人文及創作系副教授，專研德國哲學、尼采、謝林、詮釋學、戲劇美學、時間問題等等，著作有專書《尼采——從酒神到超人》(2014)，另編《尼采透視》(2017)，以及文章十多篇，見於 *New Nietzsche Studies*、*Dao: Journal of Comparative Philosophy*、*Philosophy East and West*、*Idealistic Studies*、*Hegeljahrbuch*、《政治大學哲學學報》、《東吳大學哲學學報》等國際期刊。黃氏也是劇作家，演出作品十多齣，曾於香港、澳門、英國等地上演，並收錄於劇本集《經典新篇——從希臘悲劇到布萊希特的本土重寫》(2013)，亦多次翻譯德國劇作，在香港上演。

史文鴻

生於香港，中大哲學學士及碩士，德國柏林自由大學哲學博士，研究範圍包括價值論、社會批判理論、電影理論、電影史及維根斯坦語言哲學。曾任教香港浸會大學、嶺南大學及香港理工大學等。現為台灣崑山科技大學視訊系教授，重要著作關乎電影藝術社會史有《電影藝術與社會》(三)。指導學士及碩士學生電影作品獲獎甚多，重要的有《梳打埠之夜》(龍慧儀)、台灣公視學生劇展的《姜老的新槍》(陳俊宇) 及高雄拍的《洛基的視線》(黃柏蒼)，《洛基的視線》更獲二〇一六年台灣金穗獎之最佳電影、最佳男主角及最佳音效三獎項。

容樂

在布里斯托大學（University of Bristol）政策研究學院 (School for Policy Studies) 取得博士學位，現為香港理工大學專業進修學院講師。她的博士論文結合了哲學及政策研究這兩學科，探討何為公義的公共政策，尤其是香港房屋政策，並在 2008 年出版成書，書名為*Hong Kong's Housing Policy: A Case Study in Social Justice*（香港大學出版社）。此外，還合編 *Ethical Dilemmas in Public Policy*（2016: Springer）一書，並在國際學術期刊發表多篇論文。研究興趣包括哲學在公共政策中的應用、房屋政策及新媒體與政治等。

陳祖為

香港中文大學政治與行政學系畢業，英國倫敦政經學院碩士、牛津大學博士。現為香港大學政治與公共行政學系教授，於 2002-2004 及 2011-2013 年間擔任系主任。研究興趣為儒家政治哲學、當代西方政治哲學、人權理論、香港公民社會等課題。著作有 *Confucian Perfectionism: A Political Philosophy for Modern Times*（Princeton University Press, 2014）（中譯本《儒家致善主義：現代政治哲學重構》，周昭德、韓銳、陳永政譯，香港商務印書館，2016）。

陳浩文

美國明尼蘇達大學哲學博士，英國蘇塞克斯大學知識庫系統科學碩士，香港大學哲學碩士及文學士，現為香港城市大學公共政策學系副教授、香港醫院管理局臨床倫理委員會副主席。教學和研究範圍包括社會政治哲學、公共政策倫理學、管理倫理學、環境倫理學、生命倫理學、理性與創意思考。《價值與社會》第二集、《社會倫理通識》編輯，研究論文曾刊登於 *Bioethics*、*Journal of Medical Ethics*、*Journal of Philosophy and Medicine*、*Educational Philosophy and Theory*、*Journal of Environmental Psychology*、*Hong Kong Medical Journal* 等國際學術期刊。另有論文刊於*Social Values, Public Affairs and Public Policy*（Springer, 2016）、*Family-oriented Informed Consent*（Springer, 2015）、*Handbook of East Asian Social Policy*（Edward Elgar, 2013）、*Prevention vs Treatment: Philosophical, Empirical and Cultural Reflections*（Oxford , 2012）、*Towards Responsible Government in East Asia: Trajectories, Intentions and Meanings*（Routledge, 2009）等文集。

向禮樂

畢業於香港城市大學公共行政學系，研究興趣主要是公共政策中的倫理問題。

徐俊傑

在香港成長及接受教育，現為香港城市大學專上學院社會科學學部兼任講師。曾經參與多個研究項目，包括醫療倫理及國族身份認同等等。撰譯文章見於《社會倫理通識》（牛津大學出版社，2012）及《特區管治的挑戰》（香港城市大學出版社，2017）。

李心文

現為德拉瓦大學（University of Delaware）哲學系助理教授，研究專長領域包括法律哲學與政治哲學。近期研究主題包括民族主義、刑罰哲學。近期出版物包括：與Sungmoon Kim 合編 *Reimaging Nation and Nationalism in Multicultural East Asia*（2017 年 9 月，Routledge）。與Philip J. Ivanhoe 共同客座編輯學術期刊 *Criminal Justice Ethics*（2017 年 4 月與 8 月特刊）。 近期出版論文包括：“A New Societal Self-Defense Theory of Punishment—The Rights-Protection Theory”，即將刊登於 *Philosophia*。“Taking Deterrence Seriously—The Wide-Scope Deterrence Theory of Punishment”，刊登於 *Criminal Justice Ethics*。“In the Name of Equality—An Examination of Equality Arguments for National Self-Government”，收錄於與Kim合編的 *Reimaging Nation and Nationalism in Multicultural East Asia*。

余錦波

香港大學文學士、哲學碩士、哲學博士。現為香港理工大學通識教育中心總監。曾任香港大學、德國波恩大學、蘇格蘭愛丁堡大學、美國哈佛大學研究員、香港城市大學公共及社會行政學系副教授。著有《孝經的道與理》、《理性思考的藝術》、*Logic as a Foundational Science*，合編有《社會倫理通識》、*Taking Confucian Ethics Seriously*及 *Ethical Dilemmas in Public Policy* ，另有一系列關於儒家和諧、多元價值、戰爭、和平、包容等等觀念的論文。

秦家昌

香港大學文學學士、多倫多大學哲學碩士及博士，專攻康德及應用倫理學。曾任教於香港大學哲學系及香港浸會大學宗教及哲學系。現為香港理工大學通識教育中心副總監。近著有*Being Philosophical*（McGraw-Hill, 2011）及有關應用倫理學的論文（收於《社會倫理通識》，牛津大學出版社，2012）。現與 Heiner Roetz 合編有關誠信及領導素質的論文集，另有與生死倫理學有關的著作即將出版。

莫家棟

香港城市大學哲學碩士、香港大學哲學博士。現為香港教育大學社會科學系助理教授。研究興趣包括政治哲學和應用倫理學。著有多篇有關移民政策、人口政策、置業政策、批判思考的學術文章，刊於 *Housing Studies*、*Journal of Comparative Asian Development*、*Citizenship, Social and Economics Education* 等學術期刊。並與余錦波和陳浩文合編有《社會倫理通識》(牛津大學出版社，2012）一書。另有分析香港政治詞彙的文章，刊於羅金義編《回歸 20 年：香港精神的變易》(香港城市大學出版社，2017）。

甄景德

香港城市大學公共政策學系助理教授。

責任編輯：羅國洪
封面設計：蕭雅慧

生活倫理學

莫家棟、余錦波、陳浩文　主編

出　　版：匯智出版有限公司
香港九龍尖沙咀赫德道2A首邦行8樓803室
電話：2390 0605　　傳真：2142 3161
網址：http://www.ip.com.hk

發　　行：香港聯合書刊物流有限公司
香港新界大埔汀麗路36號中華商務印刷大廈3字樓
電話：2150 2100　　傳真：2407 3062

印　　刷：陽光(彩美)印刷公司

版　　次：2018年2月初版

國際書號：978-988-78402-6-8